Herbert Riehl-Heyse

Jugendwahn und Altersstarrsinn

Herbert Riehl-Heyse

Jugendwahn und Altersstarrsinn

Mein ganz persönlicher
Generationenkonflikt – ein Fragment –
und ausgewählte Texte
aus dem letzten Lebensjahr

Karl Blessing Verlag

Umwelthinweis:
Dieses Buch und sein Schutzumschlag
wurden auf chlorfrei gebleichtem Papier gedruckt.
Die Einschrumpffolie (zum Schutz vor Verschmutzung)
ist aus umweltschonender recyclingfähiger PE-Folie.

Der Karl Blessing Verlag ist ein Unternehmen der
Verlagsgruppe Random House GmbH.

1. Auflage
Copyright © by Karl Blessing Verlag GmbH München 2003
Umschlaggestaltung: Design Team München
Satz: Uhl + Massopust, Aalen
Druck und Bindung: GGP Media, Pößneck
Printed in Germany
ISBN 3-89667-193-6
www.blessing-verlag.de

Inhalt

Ausgewählte Texte aus dem letzten Lebensjahr

... dass es ihn gegeben hat, den Riehl

Ich hatte mich vor diesem Buch ein bisschen gefürchtet. Denn ich wusste ja, dass es noch mal ein Abschied werden würde. Und ich ahnte, dass es nur ein trauriger Text sein konnte – wie auch anders, wenn einer gegen Krankheit und Todesangst anschreibt und Verzweiflung die Feder führt?

Aber dann begann ich, noch immer beklommen, zu lesen. Ich las den ersten Satz »Gerade war ich doch noch jung, oder?«, fasste Mut, las weiter und hörte den jugendwahnsinnigen Riehl, wie er seinen Neffen mit der Bemerkung zu entmutigen versucht, wenn er, Riehl, einmal gegen ihn ein Tennismatch verlöre, dann möge er bitte vom Platz weg ins Altersheim eingeliefert werden. Und plötzlich wusste ich: Dies ist noch mal der witzige, der klassische, der von uns, seinen Freunden und Bewunderern, so geliebte O-Ton Riehl.

Er hatte ja immer die Gabe, mit Witz und Ironie Schweres leichter und Dunkles heller zu machen – und selbst hier gelingt ihm dies, da er sich unter dem Einfluss dunkler Ahnungen auf schweres Terrain wagt, wo die Alten mit der Erfahrung der eigenen Sterblichkeit keuchend der Generation Golf hinterherhecheln, sofern sie überhaupt noch durch den Graben kommen, der zwischen ihnen liegt.

Es ist ein Terrain, wo Mütter und Söhne aneinander vorbeireden, wo Biographien plötzlich und unerwartet in die andere Richtung kippen und wo sich der Vater auf einmal erschrocken fragt, ob er mit seinen Kindern vielleicht doch mehr hätte erörtern sollen als die Frage, ob sie noch daran dächten, irgendwann ihre Zimmer aufzuräumen.

Der Generationenkonflikt also ist es, der den Riehl zum Schluss bewegt hat, und er hat dabei, wie fast immer in seinen Texten, sehr viel Persönliches einfließen lassen. Das hat oft Witz, aber es gibt auch Stellen, die sich sehr traurig lesen, und andere, die trotz der Ironie beklemmend sind – etwa, wenn man ihn sieht, den Freund, wie er »mit festem Schritt« hineintritt in den »medizinisch-technischen Komplex« und sich »eine Art Dornenkrone« in den Kopf schrauben lässt, auf dass »die 7,5 Kubikzentimeter Feind« im Hirn »zuverlässig verschmurgelt« werden.

Es hätte sicher das eine oder andere Böse zu sagen gegeben über die Welt der Ärzte, aber so war er nicht, der Herbert Riehl. So war er nie. Er rechnet nicht ab, sondern er verwendet seine Erfahrungen, Erlebnisse, Begegnungen und Erinnerungen, seine Sorgen und seine Ängste, um etwas Allgemeingültiges herauszufiltern über die Kluft zwischen den ewig Jungen mit den David-Beckham-Frisuren und den Alten, die von nächtlichem Herzrasen heimgesucht werden und von Tumoren im Darm.

Klar, dass er sich dabei am liebsten als Brückenbauer betätigt hätte, so wie er ja immer lieber zusammenführen als polarisieren wollte – und gewiss wäre ihm das auch gelungen, wenn er die Zeit gehabt hätte, dieses Buch zu Ende zu schreiben. So ist es ein Fragment, unvollendet, abgebrochen – dem Gewinn, den der Leser hat, tut das aber keinen Abbruch.

Wenn denn etwas irritiert, dann höchstens, dass da einer, den wir doch als jung, jedenfalls jung im Kopf, in Erinnerung haben, so gnadenlos den Alten gibt. Aber wenn es tatsächlich stimmt, dass sich der Riehl zurzeit des Schreibens als »alter Mann-Mensch« gefühlt hat, dann muss man sich vor der Vergreisung vielleicht gar nicht so sehr fürchten – allenfalls davor, dass man eines Tages im Altersheim für Journalisten ein bisschen trübsinnig darüber nachdenken wird, wie viel schöner, wie viel witziger, wie viel unterhaltsamer es wäre, wenn man den Riehl dabeihätte.

Altersheim für Journalisten – nur eine Spinnerei, aber wir haben früher manchmal darüber geredet und uns dabei ausgemalt, wie wir uns in unserem Altersstarrsinn gegenseitig mit den immer gleichen Geschichten und den immer gleichen Pointen traktieren würden. Schön und schrecklich zugleich. Die Idee, dass einer von uns dann nicht mehr da sein könnte, kam uns nicht.

Werden wir also, wenn es mal so weit ist, Bücher mitnehmen. Bücher vom Autoren Herbert Riehl-Heyse. Es gibt eine ganze Menge davon, und nun gibt es auch noch dieses. Wir werden es lesen und wieder lesen, vielleicht mit Tränen in den Augen, gewiss aber auch mit Dankbarkeit dafür, dass es ihn gegeben hat, den Riehl.

Stefan Klein   *London, 15. Juni*

Jugendwahn und
Altersstarrsinn – ein Fragment

Eine überraschende Wendung

Gerade war ich doch noch jung, oder?

Mindestens ist mir nicht richtig aufgefallen, dass ich älter wurde, woran auch, wo man doch immer so jung ist, wie man sich fühlt. Oder hatte es wirklich etwas zu bedeuten, dass der präpotente Neffe J., mit dem ich mich 30 Jahre lang auf tausend Feldern um die körperliche wie intellektuelle Vorherrschaft in der Familie gerangelt hatte, mich neuerdings in immer dringlicheren Abständen zu einem ultimativen Tennismatch aufforderte, obwohl ich doch immer gesagt hatte, wenn ich einmal gegen ihn verlöre, bäte ich darum, vom Centercourt unmittelbar ins Altersheim eingeliefert zu werden.

Was man halt so redet, wenn man unsterblich ist oder mindestens auf lange Zeit unverwüstlich. Und jetzt? Jetzt liege ich plötzlich auf der Wachstation des Krankenhauses Gauting bei München, und neben mein Bett haben sie soeben Herrn Duderers Bett geschoben. Ich kenne seinen Namen, weil er nicht richtig atmen will, weshalb alle fünf Minuten die Nachtschwester und der Stationsarzt in unser Zimmer stürmen und ihn anbrüllen: Sie müssen schnaufen, Herr Duderer, Sie müssen schnaufen, was aber leider nichts fruchtet, weil der Herr Duderer schwerhörig ist und die Appelle an seinen Lebenserhaltungstrieb merkwürdigerweise immer für eine Nachfrage in Sachen Befindlichkeit hält. »Pfenniggut« gehe es ihm, schreit er deshalb jedesmal zurück, woraufhin ihn die Nachtschwester noch lauter anbrüllt, er müsse jetzt aber endlich richtig schnaufen. Um mich kümmert man sich eigentlich weniger, obwohl ich dauernd dringend aufs Klo müsste, welches in der Wachstation aber gar nicht vorgesehen ist.

Warum ich das erzähle? Weil ich ernsthaft krank bin und weil ernsthaft krank – obwohl die Situation längst absehbar war – in meiner Lebensplanung nie vorkam. Und weil mir eine befreundete Ärztin, als ich dann im Krankenhaus war, freundlich mitteilte, so eine Krankheit sei im Prinzip ganz normal, wenn man alt werde. Sie hätte das vielleicht nicht so brutal sagen müssen, andererseits hat gerade sie jedes Recht dazu, weil sie nämlich so etwas wie meine interimistische Lebensretterin ist. Kurz vor der Operation hatten meine Frau und ich sie und ihren Mann zum Abendessen eingeladen, währenddessen ich mehrfach trocken gehustet habe, woraufhin mich Frau Dr. L., statt auf meine gewiss witzigen Bemerkungen zur Weltlage angemessen zu reagieren, mittendrin – ebenfalls trocken – über den Gänsebraten hinweg gefragt hat, ob ich mich nicht einmal röntgen lassen wollte. Das habe ich dann getan, und deshalb liege ich jetzt auf der Wachstation und hoffe dringend, der Herr Duderer möge endlich ein Einsehen haben und einmal ganz ganz tief schnaufen.

Eine Woche später geht es mir und hoffentlich auch dem Mitpatienten Duderer dann schon wieder sehr viel besser, ich liege im Krankenbett und lese das Jugendmagazin »jetzt«, das zu dieser Zeit seinerseits schon auf der Krankenstation beobachtet wird, was aber weder seine jungen Macher wissen noch ich, sein Leser. Die Redakteure präsentieren die von den jungen »jetzt«-Freunden zusammengestellten 25 Gründe, aus denen das Leben sich auch diese Woche zu leben lohnt, und sie sind auch alle sehr gut: »Wissen, warum er rot wird«, heißt einer dieser Gründe, ein anderer handelt von der »Mitte der Rosinenschnecke«, aber am schönsten finde ich doch Grund Nummer 5: »Wärmflasche ins Bett legen, bevor man weggeht.«

Einerseits ist das ein sehr einleuchtender Grund, das Leben schön zu finden, ich ahnte gar nicht, wie generationenübergreifend er ist. Andererseits lädt er auch ein zum Gespräch hinweg über die Gräben zwischen den Generationen, weshalb ich der jungen Einsenderin aus dem Erfahrungsschatz des Älteren, wenn es nicht aufdringlich wirkt, auf diesem Weg doch gerne einen kleinen Hinweis mit auf den weiteren Lebensweg geben würde: Sogar die wärmste Wärmflasche wird kalt, wenn sie allzu viele Stunden zwischen den Decken einsam vor sich hinschlummert. Auch wegen solcher Hinweise, denke ich, muss dieses Buch geschrieben werden.

Eine nächtliche Lesefrucht

Ich weiß nicht, wie es sich gefügt hat, wahrscheinlich war es nur ein Engel des Himmels, der gerade einen freien Tag hatte und dem plötzlich siedend heiß einfiel, dass er mir ja noch einen Fingerzeig geben müsse, im göttlichen Auftrag. Jedenfalls liegt plötzlich dieses dicke blaue Buch auf meinem Nachttisch, in dem ich schon seit Wochen immer wieder blättere, um dann lieber doch zu sehen, ob es im Fernsehen nicht noch ein Champions-League-Spiel zu besichtigen gibt. Vielleicht beginnen mir ja gerade – eine Alterserscheinung? – die ständigen Fehlpässe im Mittelfeld des FC Bayern auf die Nerven zu gehen, und so kommt es dann, dass ich kurz vor Mitternacht fest zu lesen beginne in der ersten modernen Gesamtübersetzung der *Essais* von Michel de Montaigne. Als ich es mittendrin aufschlage, lande ich beim 37. Versuch im Zweiten Buch, das die Überschrift trägt: »Über die Ähnlichkeit der Kinder mit ihren Vätern.« Es könnte sich da, denke ich mir, wirklich um einen Fingerzeig von oben gehandelt haben, schließlich bin ich auf diesem Wege jetzt völlig überraschend bei dem Thema gelandet, über das ein Buch zu schreiben ich mich seit mehr als einem Jahr bemühe.

So geht das eben manchmal im Leben mit den Zufällen und Vorherbestimmungen – auch wenn ich in diesem speziellen Fall und in diesem frühen Stadium meiner Bemühungen noch nicht völlig ausschließen kann, dass es vielleicht doch mehr ein Buch über die Unähnlichkeit der Kinder mit ihren Vätern werden könnte. Darüber, wie unsereiner, wenn er älter wird, mit keuchenden Lungen der Generation Golf hinterherhechelt und im Zweifel ja doch nur die Auspuffgase einatmet, was das Älterwerden aber nicht unbedingt begünstigt.

Womit ich doch schon wieder unmittelbar bei Montaigne wäre, obwohl der Mann, soviel bekannt ist, relativ wenig Auto gefahren ist und sein Lebensgefühl auch nicht mit Hilfe von Diesel-Jeans und David-Beckham-Frisuren

16

auf ewige Jugend zu trimmen versucht hat. Es ist nur so, dass das zufällig aufgeschlagene Kapitel, wie ich jetzt mit zunehmender Faszination feststelle, im Wesentlichen vom Kranksein und von der Todesfurcht handelt und von der Frage, wie es dem Menschen gelingen soll, sich bei einigermaßen ausgeglichenem Gemütszustand mit dem allmählichen Verfall seines Körpers, ja sich sogar mit dem Gedanken an seinen ihn irgendwann antretenden Tod vertraut zu machen, wie der Philosoph das formuliert. Schon beim ersten Durchlesen zeigt sich, dass solche Kunst nicht einmal einem weisen Manne ununterbrochen zu Gebote steht, wenn er wieder einmal von einer seiner schrecklichen Koliken gepeinigt wird. Nur bin ich mir nicht sicher, ob ich das schon für einen Trost halten soll.

Montaigne ist 47 Jahre alt, als er diesen Traktat schreibt, »47 Jahre, die ich für meinen Teil gesund verbracht habe«. Bei mir zum Beispiel, um jetzt doch ein wenig präziser von jener Person zu sprechen, die mir immer noch am wichtigsten zu sein scheint, bei mir also waren es sogar 57 Jahre in leidlicher Gesundheit, sodass ich noch viel weniger Grund haben dürfte zu jenem Hass auf die Ärzte, unter dem Kollege Michel die letzten Jahre seines Lebens offenbar noch mehr gelitten hat als unter seinen Nierensteinen.

Er hielt diesen Hass übrigens für ein erbliches Leiden, weil so gut wie seine ganze Verwandtschaft davon befallen war. Am schlimmsten betroffen sei übrigens der Onkel de Bussaguet gewesen, »der mit weitem Abstand jüngste Bruder meines Vaters«. Der Mann sei der Einzige in der Familie gewesen, der sich der ärztlichen Kunst unterworfen habe: »Und das bekam ihm so übel, dass er, obwohl er der Kräftigste zu sein schien, lange vor den anderen starb.«

Vielleicht hatte der Onkel aber auch nur das Pech, in der falschen Krankenkasse zu sein, in einer, die ihn nicht zu den besten Ärzten schicken konnte, weil das die Versicherung nicht abgedeckt hätte. So was kommt vor und zwar sehr viel öfter, als es sich der Mensch träumen lässt, solange er noch nicht vom nächtlichen Herzrasen heimgesucht wird oder von Tumoren im Darm, die sich gerne mal im weiteren Verlauf ihrer Karriere ihren Weg an viele andere schöne Plätze ihres Wirtstieres bahnen, von wo aus sie sich ganz prima vermehren können, wenn man sie lässt. (Manchmal leider auch dann, wenn man sie mit aller Macht daran hindern möchte.)

Es kommt nun, merke ich gerade, vielleicht ein wenig passender Ton gleich zu Beginn eines Buches auf, in dem sich der Autor eigentlich als eine Art Lebenskünstler oder Lebensberater präsentieren wollte; als jemand, der es nicht nur versteht, die eigenen Lebenskrisen immer wieder beherzt anzugehen, sondern sich darüber hinaus auch noch als Brückenbauer zu betätigen zwischen den Generationen Golf und, sagen wir mal: Audi A6, um beim selben Konzern zu bleiben, aus Wettbewerbsgründen. Das könnte also manchmal ein wenig melancholisch werden. Andererseits – ist denn nicht gerade diese Erfahrung der eigenen Sterblichkeit der tiefste Abgrund, der zwischen den Generationen klafft und mit Hilfe einigermaßen tragfähiger Brücken überwunden werden müsste? Die Erfahrung eben, dass die Jugend ein sehr vergänglicher Zustand ist, und dass einen diese Erkenntnis irgendwann umso heftiger packt, je länger man versucht hat, den Gedanken nicht an sich herankommen zu lassen. Bis man gemerkt hat, dass man auch selber nicht ewig leben und aller Voraussicht nach sogar den eigenen Tod nicht bei blühender Gesundheit erleben wird.

Werde also auch im weiteren Verlauf dieses Buchs immer wieder, in tagebuchartigen Notizen, Einschüben, Reminiszenzen, in Betrachtungen aller Art auch auf diesen besonderen Aspekt des Generationenkonflikts zurückkommen müssen, auf einen Aspekt, der vor allem damit zu tun hat, dass die Menschen durch ihre Erfahrungen, durch das Älterwerden manchmal mehr voneinander getrennt werden als durch die Tatsache, dass der eine von ihnen in der Provinz Szetschuan aufwächst und der andere im südöstlichen Oberbayern.

Abgesehen davon bin ich aber zuversichtlich, dass ein solches Buch nicht von vorneherein furchtbar traurig werden muss. Das wäre ja nun wirklich besonders traurig.

Wie sind wir eigentlich? Brauchen wir einen Namen? Und welchen?

Bestandsaufnahme, also: Wie sind wir eigentlich? Wer weiß das genau? Klar, es hat in all den Jahren viel Literatur gegeben über Kriegs- und Nachkriegskinder, aber sie ist dann doch ziemlich untergegangen in der Woge der Erinnerungen, Aufarbeitungsversuche und natürlich auch nostalgischen Verklärungen, die erst noch auf den Markt gebracht werden musste. Die nächstfolgende Generation, also die meine von den Jahrgängen 1935 bis 1945, ist offensichtlich viel weniger beschrieben. Fast scheint es überhaupt nur unter den Jungen wieder gut beschreibbare Generationen zu geben, schon längere Zeit: Die heißen dann Beatgeneration, Baby-Boomer, 89er, neuerdings Generation Golf. Hundert Bücher gibt es über diese Ansammlungen höchst interessanter Menschen, tausend Aufsätze und immer mal wieder eine Shell-Jugendstudie, in der die geheimnisvolle junge Generation erforscht und vorgestellt wird, als wäre sie ein wild herangewachsenes Volk am Ufer des Rio Grande, über das nun endlich das Entscheidende gesagt werden muss.

In Ehren ergraute Jugendforscher leisten diese verdienstvolle Feldarbeit, aber am ergiebigsten ist es vielleicht doch, wenn sich die Betroffenen selbst ihrer Umwelt vorstellen. Macht auch den Autoren mehr Spaß: Nichts ist bekanntlich schöner, als sich selbst zu bespiegeln, sich von anderen abzugrenzen, sich zu identifizieren mit Hilfe eines Lieblings-Videoclips auf *Viva*. Man braucht das auch ganz stark für Imagebildung und Karriere. Manche Politiker, die fast gar nichts erlebt haben, müssen sich dann – wie der wilde CDU-Mann Friedrich Merz – eine aufregende Vergangenheit als Motorrad-Rocker zurechtphantasieren; andere haben in der Jugend weniger ausgelassen und wissen jetzt nicht, ob sie darauf stolz sein sollen oder sich lieber ständig verteidigen. Am besten hilft ein Mittelweg: Noch nach 30 Jahren habe ich dieses selige Lächeln über das Gesicht des – auf ewig jungen – Außenministers Fischer ziehen sehen, als er bei der Eröffnung der englischen Botschaft in Berlin der britischen Königin vorgestellt wurde und ihr sagen durfte, er entstamme einer Generation, die mit Hilfe von *Sgt. Pepper's Lonely Hearts Club Band* ihre wesentlichen Impulse empfangen hat. Man hat es, wenn man dabeistand, der Königin angesehen, wie irritiert sie darüber nachgedacht hat, wieso eigentlich ein deutscher Minister einen gemeinen britischen Sergeanten so gut gekannt haben will – aber die Frage wurde dann nicht weiter vertieft.

Ich finde es irgendwie demütigend, dass es ausgerechnet über meine Generation keine fetzigen, alles zusammenfassenden Bücher gibt, und übrigens auch keine hochglänzenden Zeitschriften, keine eigenen Fernsehsender, wenn man die Bemühungen der *ARD* um unsere Heranführung an den *Musikantenstadl* in diesem Zusammenhang einmal vernachlässigen darf. Schlimmer noch: Für uns gibt es nicht einmal einen schicken Namen: wie schon gesagt – Generation Audi träfe es vielleicht, kommt aber vielleicht doch nicht so gut an.

Und woran liegt das nun? Ich fürchte, vor allem daran, dass wir eine genauere Umschreibung um keinen Preis möchten; es könnte nämlich, wenn wir unter einer Generalüberschrift über unsere tollen Jugendjahre berichten, nicht völlig unverborgen bleiben, dass die inzwischen eher vorbei sind. Und haben wir uns vielleicht nicht noch vor kurzem so viel darauf zugute gehalten, dass der Chefredakteur, wenn es darum ging, einen wirklich wichtigen Leitartikel ins Blatt heben zu lassen, demonstrativ über Leute wie mich hinwegsah, die er zwar im Einzelfall für begabt halten mochte, von denen er aber lieber nicht mochte, dass sie seinen Lesern die Problematik der deutschen Ostpolitik erklärten. Nein, das schickte sich nicht. Dafür brachte es das Blatt aber auch nicht viel weiter, als derselbe Chef, ein gebildeter und angenehmer Mann mit fünf Kindern, zum Faschingsdienstag einmal einen Leitartikel verfasste, den er mit der aggressiven Frage an seine Leser begann, ob sie eigentlich schon mal etwas von Jimi Hendrix gehört hätten. Ich glaube, seine Gleichung ging so: Hendrix ist Jugendkultur, die Jugend ist fröhlich, also muss der Erwachsene gelegentlich – und wann wäre das passender als an den tollen Tagen? – zu erkennen geben, dass ihm auch diese Welt nicht fremd ist.

Es sind im Grunde nur ein paar Jahre, in denen man der eigenen Biographie dabei zusehen kann, wie sie erst mählich und dann abrupt in die andere Richtung kippt. Die Sache passiert so rund um den fünfzigsten Geburtstag. Die meisten feiern den noch offensiv und lustig, im möglichst großen Kreis, jeder soll sehen dürfen, wie gut es uns geht, was aus uns geworden ist. Und wann ließe sich das besser feiern als in der so genannten Mitte des Lebens? Jeder weiß zwar, dass diese Formulierung eine ganz besonders unfromme Lüge ist, trotzdem besteht jeder minderbegabte Geburtstagsredner darauf, seinen einschlägigen Toast mit dem Aufruf zu beschließen, er wünsche dem Jubilar für die nächsten 50 Jahre genauso viel Glück, wie er bisher gehabt habe. Es gibt gute Gründe, bei solchen Wünschen gleich aus mehreren Gründen zu erbleichen, aber schön wäre es natürlich schon, wenn sie in Erfüllung gingen.

In den Jahren nach dem 50. ist dann die Zeit für ein

paar kleine Bilanzen, die man natürlich vorsichtshalber, wenn ein Buch daraus werden soll, als höchst vorläufigen Zwischenbericht zu verkaufen versucht. Und dann kommt ja auch schon bald der 60. – das ist jener Geburtstag, an dem man sich entscheiden muss, ob man ihn schon mit Buchsbaum und Streichquartett im Festsaal der Gemeindebücherei begehen will oder doch lieber in der Disko P 1, in der dann alle abhotten bis 6 Uhr früh. Ich persönlich habe mich für eine Zwischenlösung entschieden und hundert Freunde in ein Kino eingeladen, in dem wir uns den wunderbaren alten amerikanischen Film *His Girl Friday* über das Journalisten-Gschwerl angesehen haben, das früher überaus zynisch gewesen sein muss, wenn man dem Streifen glauben darf. Nach Ende der Vorstellung haben die Jungen, soweit sie nicht eingeschlafen waren, meinen Film freundlich gelobt, nur der eine oder andere hat gesagt, ein bisschen wenig Tempo habe er ja schon gehabt, der Film; und ich habe mich – soweit ich mich erinnere – nicht entblödet, ihnen Recht zu geben und darauf hinzuweisen, dass mir kürzlich dieser fetzige Romeo-und-Julia-Film mit dem Leonardo di Caprio doch irgendwie mehr imponiert habe. Als wir wieder herauskamen aus dem Kino hat es zur Strafe schrecklich geregnet, alle Gäste und Gastgeber mussten stundenlang auf ein Taxi nach Hause warten, ich machte mir Sorgen, schließlich waren sie ja nicht mehr die Jüngsten.

Jetzt werde ich wirklich alt: schon 61!

Schön war übrigens in dieser Hinsicht auch der Tag, an dem ich 61 Jahre alt wurde; er hat mich ein wenig verunsichert, und genau das braucht ja der ältere Mensch in seiner beginnenden Erstarrung. Jedenfalls hatte ich am Vormittag einen Auftritt in der Hamburger Journalistenschule, und gleich zu Beginn äußerte sich eine der jungen Frauen erstaunt darüber, wie ich aussähe. Natürlich erschrak ich heftig, aber sie wollte dann nur sagen, dass sie sich mich viel älter vorgestellt habe – ganz weißhaarig und so weise, wie ich auch schriebe, »so als eine Art Guru«. Noch sann ich darüber nach, ob ich das nun für ein Kompliment halten sollte oder überhaupt nicht und ob ich den Guru vielleicht einordnen sollte bei dem Attribut »Urgestein«, mit dem ein junger Rundfunkinterviewer mich bei den Lesern meines Buches über mich und mein Vaterland eingeordnet hat. Ich erinnerte mich noch daran, dass der junge Mann mir und den Hörern zur Einführung mitgeteilt hatte, leider sei er noch nicht dazu gekommen, in das Buch hineinzulesen, wir kämen aber gewiss trotzdem in ein gutes Gespräch miteinander, wenn ich ihm im Vorgespräch vielleicht nur mal kurz mitteilen würde, was im Wesentlichen drin steht. Erfreulicherweise fand sich in diesem Stadium der Überlegungen auf meinem Handy schon eine SMS meiner 18-jährigen Tochter: Sie wünsche mir alles Gute zum Geburtstag, und außerdem sei 45 ja nun wirklich noch kein Alter. So grausam können die Kleinen sein, wenn sie es ganz besonders lieb meinen.

Aufstellung zum Kampf

Am aufregendsten ist es vielleicht, wenn man sich das Ganze als Showdown im Western vorstellt, wie zwischen Gary Cooper und Ian MacDonald auf dem Höhepunkt von *High Noon*. Zwei Prototypen auf dem Weg ins letzte Gefecht, ich kann mir das sehr gut ausmalen, da muss ich nur ein wenig in den richtigen Zeitgeist-Blättern lesen. Auf der einen Seite der Straße hat sich also ein junger Ankläger aufgestellt, um mich richtig fertig zu machen: Ob ich eigentlich schon mal ausgerechnet hätte, schreit er mich mit Hilfe des *Stern* an, der noch dazu wie eine Flüstertüte war, hält mir also vor, was ich ihn kostete durch meine bloße Existenz, es handele sich nämlich um genau 39 Cent jedes von ihm verdienten Euro, und wie ich es rechtfertigen könne, dass ich ihm das ganze Geld abpresste und auf einem der »unzähligen Kreuzfahrtschiffe« verprasste, auf denen ich, »wen wundert's«, »nur Gleichaltrige treffe«?

Hart geht der *Stern*-Redakteur Wüllenweber, der das alles für einen scharfen Artikel herausgefunden hat, mit der Tatsache ins Gericht, dass die über 65-Jährigen des Landes über ein Viertel des Vermögens verfügten, obwohl sie nur 13 Prozent der Bevölkerung stellten. (Ja, wirklich, sehr ungerecht: Das Vermögen müssten anteilsmäßig die

Säuglinge, Kindergartenkinder und Schüler besitzen, die es sich in langen Jahren im Laufstall mit ihrer Hände Arbeit erwirtschaftet haben.) Zu allem Überfluss, an dieser Stelle seiner Ausführungen spuckt der junge Pistolero schon fast vor Wut, ließe ich mir von ihm auch noch Seniorenpässe spendieren, mit denen ich dann billig ins Schwimmbad, ins Museum und ins Theater käme. Ein gemeiner Vorwurf, wo ich doch so gut wie nie ins Schwimmbad gehe, an den Museumskassen und in den Museumstoiletten aber immer wieder jede Menge junge Leute treffe, die mit dem Presseausweis umsonst herein wollen.

Hier also der junge Aggressive – und auf der anderen Seite der Straße ich, der rüstige Bald-Rentner, unkaputtbar, ein echter Nützling, der ständig den Mountainbikern mit seinem Spazierstock droht. Gut, ganz so weit bin ich noch nicht, werde ich wohl auch nie sein, außerdem würde ich sowieso nie so hoch hinauf in die Berge steigen, um Gebirgsradlern im Wege zu stehen: Aber so viel ist mir schon klar, dass ich mich prophylaktisch schon einmal auch gemeint fühlen darf, wenn mein Freund und Kollege Willi Winkler in der *Süddeutschen Zeitung* mit seiner weithin gefürchteten Flinte auf die Spezies anlegt, die sich »die weite Welt der Golfplätze« erobert hat und sich »samstags an den Supermarktkassen zusammenrottet«. (Sind die Golfplätze denn da geschlossen?) Gegen diesen Brutalo feuern wir jetzt aber mal zurück; gut dass zumindest die *SZ*-Leserbriefschreiber im Kampf mit Winkler kein Blatt vor den Mund genommen haben: »Der Autor gehört dringend in psychotherapeutische Behandlung«, hat die Leserin Wilhelmine A. geschrieben; es dränge sich der Verdacht auf, »dass der Autor keine humanistische Bildung genossen« habe, vermutet Beatrix A. »Ein derartig böses Machwerk« hätte sie in der *SZ* niemals vermutet, schreibt Dr. Margarete M., bevor sie das Abonnement ihrer bisher so geliebten Zeitung kündigt. So, jetzt liegen alle in ihrem Blute, jetzt kann sich der Sargmacher an die Arbeit machen.

Und nun eine Frage im Ernst, den man allerdings inmitten all der Schimpfkanonaden hinüber und herüber nur mühsam bewahren kann. Die Frage lautet, ob es uns eigentlich weiterbringt, wenn wir so tun, als sei jede Generation – die Jungen, die Mittleren, die Alten – in Wahrheit jeweils die Inkarnation eines Gunman, mit dem sich die anderen Inkarnationen so lange schießen müssen, bis einer endlich aufgibt und auf 30 Prozent seiner viel zu hohen Rente oder Studienbeihilfe verzichtet. Schon wahr, sie machen mächtig was her, die Polemiken in alle Richtungen, zumal sich die *alten* Betroffenen, denen im Schnitt nicht so furchtbar viel Humor zur Verfügung steht, immer so schrecklich aufregen und schon in den ersten Sätzen ihres Kündigungsschreibens an die böse Zeitung bekannt geben, wie schwer die eigene Kindheit gewesen sei im Vergleich zu jener der arroganten jungen Altenbeschimpfer.

Es ist aber dieses Einschlagen auf ganze Generationengruppen mindestens so lächerlich, wie es die Feldpredigten der zuständigen Kuraten waren, wenn sie den österreichischen Soldaten vor Beginn der Schlacht erläuterten, warum es ein gottgefälliges Werk sei, jetzt gleich die entmenschten Türken zu massakrieren. Nein, es ist noch lächerlicher: Die türkischen Feinde hat es unzweifelhaft gegeben, man hat sie erkannt, an ihren muselmanischen Uniformen und Krummsäbeln. Die Kriegsparteien Junge und Alte gibt es dagegen nicht; jedenfalls nicht dort, wo sie uns so gerne beschrieben werden. Vielmehr kenne ich genug Söhne von reichen (alten?) Zahnärzten, die gerade das 12. Semester ihres Zweitstudiums begonnen haben – statt ihrer Hörsäle lieber die Golfplätze in Münchens lieblicher Umgebung bevölkern, und zwar am liebsten so, dass ältere Golfer, die vielleicht nicht mehr ganz so schnell sind, immer den heißen Atem der hinter ihnen hechelnden jungen Generation im Nacken spüren.

Könnte es sein, dass uns die generelle Einteilung der Menschheit in Junge und Alte ziemlich wenig weiterhilft, wenn es um die Beschreibung eines einzelnen Menschen geht? Vielleicht sagt ja über den Charakter eines Menschen, über seine Freundlichkeit, seine Prioritäten im Leben viel mehr die Frage aus, ob einer für den FC Bayern fiebert oder für Schalke, ob er ein Anhänger des Schweinsbratens ist oder der vegetarischen Küche und ob er – trotz Schweinsbratens – keine CD lieber hört als Bachs *Goldberg-Variationen,* eingespielt von Glenn Gould. Doch, doch, das alles passt in ein und denselben Menschen, und es ist durchaus möglich, durch eine gewisse Überzeugungsarbeit aus dem Glenn-Gould-Afficionado zusätzlich einen Fan des Robbie Williams zu machen; sehr viel schwieriger dagegen ist es – obwohl es immer wieder versucht wird –, aus einer 65-jährigen Dame so überzeugend eine 45-Jährige zu machen, dass sie danach den ästhetischen Ansprüchen des Kollegen

Willi Winkler wieder genügt. Mit anderen Worten: Ich führe doch keine Kriege gegen Leute, denen ich nichts anderes vorwerfen kann, als dass sie in einem bestimmten Jahr geboren sind.

Das heißt nun natürlich nicht, dass die Vertreter der Jungen Union im Bundestag nicht streiten dürften mit dem SPD-Senioren-Beirat über die Höhe der Rentenbeiträge oder darüber, wie sinnvoll es ist, einen 95-jährigen Scheintoten mit Hilfe der modernsten Apparatemedizin so lange am Leben zu erhalten, bis er dieses im 96. Jahr endlich doch ausröchelt. Davon abgesehen aber haben die unterschiedlichen Gruppen in der Gesellschaft genug Gründe, sich zusammen und auseinander zu setzen über die politischen oder gesellschaftlichen Streitfragen, sodass es nicht auch noch nötig ist, einander vorzuwerfen, dass wir erst jung sind und später alt. Diese Gesetzmäßigkeit haben wir uns weder ausgedacht, noch können wir an ihr etwas ändern.

So, und damit Schluss für heute; es ist Samstag, und ich muss noch schnell zum Supermarkt, um mich an der Kasse zusammenzurotten. Vielleicht nehme ich meinen Spazierstock mit und versuche, einen jungen Supermarktkunden in den Hintern zu pieksen.

Die Gehirnforscher

Und gleich noch ein Geburtstagsabend, diesmal für meinen Freund Professor Norbert M., er ist 80 geworden und hat ein paar Leute, die alle zwischen 60 und 80 sind, in ein bayerisches Wirtshaus eingeladen, in welchem der generationenübergreifende Dialog erst einmal daran scheitert, dass zwei Tische von uns entfernt eine entfesselte Stubenmusik nicht aufhören will, laut krachend den Schneewalzer und ihm anverwandte Grässlichkeiten zu spielen. Die Umsitzenden, die im Laufe der Minuten immer lauter mitsingen, sind alle um die 40, also viel jünger als ich. Aber das will ich einmal trotzdem nicht glauben.

Unter den eigentlichen Geburtstagsgästen Norberts sind meine Frau und ich und eine schöne mittelalterliche Psychiaterin sowieso die Jüngsten – und genießen, als wir das Lokal endlich gewechselt haben, den Abend in vollen Zügen, wahrscheinlich auch deshalb, weil wir jetzt wirklich unter den Jüngsten sind. Weil die anwesenden alten Herren alle Psychologen oder Therapeuten oder Biochemiker sind, kommt das Gespräch relativ schnell auf das Gehirn des Menschen. Freund Norbert hat nämlich – hinter dem linken Ohr – die Gottesmuschel gefunden, also jene Stelle im Hirn, die für die Produktion religiöser Gefühle zuständig ist.

Während wir noch alle hinter unserem eigenen frommen Ohr herummassieren und noch nicht unmittelbar eine religiöse Erweckung verspüren, sind wir schon wieder beim nächsten Thema. Norbert hat nämlich auf seine alten Tage auch noch herausgefunden, dass es keinen freien Willen gibt, was seinen langjährigen Chef, Kollegen und Freund Hans zu heftigstem Widerspruch herausfordert. Das Gespräch (»Sei doch ruhig, Hans, du hast doch keine Ahnung vom Gehirn«) wird immer lauter, immer unzivilisierter – und immer lustiger. Nur ein etwa 30-jähriges Ehepaar am Nachbartisch zeigt, bevor es fluchtartig das Lokal verlässt, mit allerlei Grimassen, dass es uns und unsere Sorgen und wie wir sie austragen ganz schrecklich findet.

Ich finde aber, sie sollen sich nicht so haben: Die Generationen können ruhig ein wenig toleranter werden im Umgang miteinander.

Wer noch gebraucht wird

Bis vor kurzem hatte ich noch gedacht, dass wir eigentlich ganz gut miteinander auskommen. So eine Zeitungsredaktion ist ja zwangsläufig ein rechter Generationen-Mix: Es muss junge Leute darin geben, die den gleichaltrigen Lesern erklären, dass und warum *4 hero* den Jazz der heutigen Jahre macht, und neben ihnen müssen in den Konferenzen die Ressortleiter sitzen, die von *4 hero* noch nie etwas gehört haben, weshalb sie zur Strafe schon um 8 Uhr 30 in ihren Büros herumlungern, wo sie mit den Kollegen in Singapur oder Nairobi die Weltlage durchgesprochen haben und nun überlegen, wie man dieselbe in dreispaltige Meinungsartikel und tief schürfende Hintergrundberichte verarbeiten kann. Und dann gibt es eben auch noch ein paar solche wie mich: lange genug dabei, um sich von keiner den Journalismus umstürzenden Idee erschrecken zu lassen, aber immer noch nicht alt genug, um nicht immer noch ein wenig neugierig zu sein auf die nächste Pressekonferenz eines hyperaktiven FDP-Vorsitzenden oder auf die Frage, ob aus der jüngsten Wagner-Urenkelin vielleicht ja doch eine große Theaterfrau wird. Gemeinsam hätten dann die 28-Jährigen und die 62-Jährigen schon mal, dass sie sich im Prinzip für die ganze Welt interessieren, die nämlich schon immer gleichzeitig recht jung und sehr alt aussah, mit viel Platz dazwischen.

So weit, so undramatisch – aber jetzt hatte sich herausgestellt, dass die Anzeigengeschäfte des mich ernährenden Zeitungsverlags heftig zurückgegangen waren, weshalb nun gespart werden musste, nicht zuletzt am Personal der Redaktion. Zehn Prozent der rund 300 Redakteure waren mit einem Mal zu viel an Bord, und über Nacht stellte sich die Frage, wer von 30 Redakteuren sofort über Bord geworfen werden müsse, wer noch für ein paar Monate in die Rettungsboote dürfe und wer vielleicht sogar auf längere Sicht eine sichere Chance haben würde auf seinen Arbeitsplatz in den Maschinenräumen und auf dem oberen Deck, wo die Offiziere ihren Dienst verrichteten. Und ausgerechnet diese Frage musste nun beantwortet werden durch die Organisation eines ausgewachsenen Generationenkonfliktes. Was blieb uns übrig?

Ziemlich bald gab es eine ganze Reihe von Vorschlägen über die Spielregeln, nach denen der Konflikt ausgetragen werden müsse. Eine erste Möglichkeit, von der natürlich auch schnell Gebrauch gemacht wurde, war der Versuch, die alten Kollegen, also die mehr als 60-Jährigen davon überzeugen zu wollen, wie schön das Leben sein würde, das ihnen nun bald bevorstünde: all die spannenden Dinge, die sie nun in ihre unvermutet hinzugekommene

Freizeit würden hineinpacken können; sehr viel war zum Beispiel von Golf die Rede, jedenfalls in Gegenwart von Kollegen, von denen man wusste, dass die dafür nötigen Hüften noch nicht beide aus Kunststoff sind. Leider stellte sich aber schon in diesem Stadium heraus, dass die wenigsten Politik-Kommentatoren der Redaktion übermäßig versessen auf diese Sorte Golf waren, dass vielmehr viele dieser Kollegen nichts lieber wollten, als verstockt auf ihren Sesseln sitzen zu bleiben. Also wehrten sie sich erst einmal hartnäckig gegen jede Zumutung eines freiwilligen Rückzugs und gingen nun jeden Tag mit dem sicheren Gefühl ins Büro, dass ein paar von den jüngeren Kollegen, deren Arbeitsplatz vor allem deshalb besonders gefährdet war, weil ihre Entlassung den Arbeitgeber nicht allzu teuer kommen würde, sie misstrauisch den ganzen Tag über beobachteten: Ob sie denn auch wirklich noch fit genug seien für den Kräfte verschleißenden Job, der Bundesregierung oder auch nur dem städtischen Kulturreferat täglich einmal nachzuweisen, dass sie den Anforderungen der neuen Zeit nicht mehr genügten. Man kann sich das Betriebsklima in solchen Tagen, in denen die Böcke von den Schafen, die Schwächlinge von den Starken und vor allem die Alten von den Jungen getrennt werden müssen, gar nicht grässlich genug vorstellen.

Das Schlimmste daran aber ist: Dass alle irgendwie Recht haben, ob sich die Generationen nun in Zeitungsredaktionen bekämpfen oder in der Abteilung für Herrenbekleidung eines unserer Redaktion gegenüberliegenden Kaufhauses. Weder das eine noch das andere Institut kann man sinnvollerweise nur den Angehörigen bestimmter Jahrgänge überlassen oder aushändigen, wenn die Ergebnisse der gemeinsamen Arbeit nicht dramatisch Schaden nehmen sollen. Leider kann darauf aber keine Rücksicht genommen werden, stattdessen werden lieber die Gitter zwischen den konkurrierenden Lagern ein wenig höher gebaut.

In meinem Zeitungsverlag, der ausweislich der Kommentare seiner Redakteure schon immer an der Spitze der sozialen Vernunft marschiert ist, haben wir dann versucht, den Konflikt durch eine Art Waffenstillstand zu bewältigen. Wenn nun mal nicht mehr genug Geld da sei, haben einige von uns argumentiert, um 300 Redakteure zu vollem Gehalt zu beschäftigen, warum verzichten dann nicht diese 300 auf zehn Prozent ihres Einkommens, so lange, bis die Zeiten vielleicht wieder besser werden? Eine gewisse Begeisterung herrschte erst einmal in den Fluren und Gängen, angesichts einer so human-vernünftigen Lösung des Problems. Dann wurde aber anonym darüber abgestimmt, wie viele Kollegen sich denn vorstellen könnten, bei einem solchen Modell auch selbst auf einen Teil ihres Einkommens zu verzichten, zugunsten der Alten wie der Jungen.

Und siehe da, es stimmten nicht einmal die Hälfte der Befragten für das Modell. Seitdem halte ich es nicht mehr für völlig ausgeschlossen, dass demnächst die Verlagspförtner die Einlass begehrenden Redakteure darauf filzen müssen, ob sie nicht heimlich ein Kündigungsschreiben des Verlags in der Jackentasche versteckt haben. Oder ein Klappmesser, um sich trotzdem zu ihrem Arbeitsplatz durchkämpfen zu können.

Wir unter uns

Ein runder Geburtstag wird gefeiert, 50 Leute sind diesmal gekommen in ein schickes Münchner Restaurant; gut durcheinander gemischt ist die Besetzung aus Freunden des Jubilars, Familie samt Kindern und Enkeln. Das Geburtstagskind macht aber auch einiges her: Der Mann ist ein spannender Typ, spricht fünf Sprachen mindestens, war ein wichtiger Mensch im diplomatischen Dienst, in dem er ungern einen weltpolitischen Krisenherd unbesucht gelassen hat. Auch sonst hat er bisher ein aufregendes Leben geführt, als Vater von Kindern aus zwei Ehen, als Liebling der Frauen. Müsste eigentlich ein Tag sein heute, zufrieden zurückschauen und natürlich vorwärts in die Zukunft, die ja auch nach dem Eintritt ins Pensionsalter noch einiges zu bieten haben dürfte, wenn man sie sich finanziell leisten kann und wenn man so voller Tatendrang durch die Welt jettet wie unser Geburtstagskind von heute.

Irgendwie verläuft dann aber das Fest doch nicht ganz so, als dass man es gar nicht erwarten könnte, seine euphorisierende Wirkung möglichst schnell an sich selbst auszuprobieren. Nicht, dass sich die Kinder des Hausherrn nicht ein paar hübsche Liedertexte ausgedacht hätten, die sie rührend zum Vortrag bringen, auch fehlt es nicht am einen oder anderen Toast aus erwachsenem Munde, der die Bedeutung des Jubilars angemessen hervorhebt. Aber dann hält der selber eine Rede – und jeder weiß natürlich, dass er das kann; hat er schließlich mehr als tausendmal auf Banketten quer durch die Welt geübt. Freilich ging es da immer um andere Leute und darüber, sie zu rühmen für alles, was sie bisher schon erreicht hatten. Wie rühmt man sich selber dafür, dass man älter geworden ist?

Unser Freund kann es schon mal nicht. Der Mann hält eine Rede, und deren wesentlicher Inhalt ist eigentlich, dass er um Gottes willen nicht aussprechen will, wie alt er heute nun eigentlich geworden ist. Überhaupt darf das Wort 70 an diesem Abend nicht erwähnt werden, fast so, als sei das Älterwerden eine Krankheit, über die keine peinlichen Details bekannt werden sollen. Genau genommen entschuldigt er sich die meiste Zeit dafür, dass er diesen Geburtstag hat, den man ihm doch überhaupt nicht ansieht. Nach der Rede ziehen sich die Gäste in die ihnen zugedachten Reservate, also an ihre in der Tischordnung vorgesehenen Plätze zurück – an den »jungen Tisch«, an den »erwachsenen Tisch«, wo die politischen Probleme der Welt so gelöst werden, als würden sie niemals durch Geburtstage gestört.

Eigentlich hatte ich ein wenig mit den Schwiegerkindern des Jubilars reden wollen und mit seinen Kindern, die ich schon als Babys durch wunderschöne englische Parks gefahren habe. Das ergibt sich dann aber leider nicht, was mich kurzfristig ein wenig traurig stimmt im Angesicht einer wirklich sehr schön gelungenen Crème brulée. Vor dem nächsten Geburtstagsfest mache ich mir vielleicht einen kleinen Plan, der mir wie ein Glasfiberstab dazu dienen soll, dann sehr elegant den Generationengraben zu überspringen.

Jung bleiben mit Scharping

Wahrscheinlich habe ich unverhältnismäßig viel darüber nachgedacht, wie es eigentlich kam, dass Scharping für mich zur lächerlichen Figur geworden ist; im Grund geht mich der Mann ja gar nichts an. Aber vielleicht auch wieder doch.

Immerhin habe ich ein paar Erinnerungen daran, wie dieser Prozess begonnen hat. Das war schon deutlich nach der Zeit, in der Scharping hätte lernen müssen, dass ihn seine Partei nicht mehr zum Kanzlerkandidaten haben wollte und er jetzt also wieder mitten unter den alten Freunden und Genossen um die besten Startlöcher für ein Leben danach kämpfen musste. Zuvor, wie gesagt, hatte er das weniger gemusst, da war er noch Hoffnungsträger. Vor allem aber war er offenbar einsam, deshalb musste er ja Fotografen dabeihaben, als er zu zweit im Swimmingpool plantschte, damit er der Welt und später einmal sich selbst würde beweisen können, als welch gesellig-dynamischer Mann er angelegt ist. Jedenfalls, richtig nachzudenken begonnen habe ich über den Fall an jenem Tag, an dem Scharping 50 Jahre alt wurde.

Wie es der Zufall wollte, aber vielleicht auch ein selbst gewähltes Geschick, war an diesem Tage wieder einmal einer dieser großartigen sozialdemokratischen Bundesparteitage, an denen der Politiker als Hoffnungsträger beim Rest der Gäste ganz besonders gefragt war. Viele Stunden endloser Antragsdebatten waren nun schon vorausgegangen, den meisten Anwesenden fielen längst die

Augen zu, wenn sie nicht noch etwas Wichtiges zu tun hatten, wie Scharping. Nun war es Mitternacht, die müden Strategen hatten sich endlich an der Hotelbar eingefunden – und mitten unter ihnen das Geburtstagskind, auf welches nun bestimmt ganz schnell ein alter Parteifreund eine Rede halten würde oder vielleicht auch er selber, bei der Ausreichung mehrerer Flaschen Schampus.

Es stand dann aber, wie zufällig, zum entscheidenden Moment niemand in seiner Nähe, außer ausgerechnet ich, sodass es kam, wie es kommen musste: Er griff sich den Nächstbesten, also mich, den er nur mühsam mit Namen kannte, und lud mich freundlich auf ein gutes Glas Rotwein ein, Pfälzer natürlich, man ist ja immer im Dienst. Er habe jetzt gleich Geburtstag, sagte er noch, und möchte mit mir darauf anstoßen. So taten wir es denn, und es entwickelte sich dann auch gleich ein munteres Gespräch: ungefähr fünf Minuten lang, dann begann Scharping Witze zu erzählen, was mich immer zwangsläufig in die Flucht treibt. Ich erinnere mich noch gut an den Abend, weil mir der Jubilar so furchtbar Leid tat: Hatte der denn wirklich niemand anderen zum Feiern als ausgerechnet mich? Später hat er dann ja eine Zeit lang in den Talkshows behauptet, er sei der beste Freund von Konstantin Wecker, aber das war, wenn man die beiden nebeneinander hielt, ein derart grotesker Unsinn, dass er nur von dem wild gewordenen Herrn Hunzinger erfunden sein konnte, der sich ziemlich bald als rechter Unglücks-Moritz für Scharping herausstellen sollte. Kurz danach begann dann ja auch schon die Zeit der Abstürze: vom Parteivorsitz, vom Fraktionsvorsitz, vom Fahrrad. Und dann stürzte, mit lautem Getöse, die Liebe vom Himmel ins Wasser, von dem Scharping noch nicht wusste, dass es ihn so richtig nass machen würde.

Aber jetzt war alles gut – jetzt war sie doch noch einmal da, die selige Zeit der ewigen Jugend. Erst durften wir ihm dabei zusehen, wie er der verblendeten Frau Gräfin vor Bioleks laufender Kamera nicht von der Wäsche gehen wollte, dann musste, man war doch kein staubiger Aktenordner, sondern ein Mensch in seinem Widerspruch, auch schon die Nummer mit der *Bunten* gestartet werden, mit Bundeswehrsonderflügen ins Bett der Geliebten. Noch hoffte ich, wenigstens da werde es noch lange so stürmisch zugehen wie ganz gewiss in den ersten Liebesnächten, aber da war es auch schon wieder vorbei mit des tapferen Soldatenministers Sonderflügen, deren erotische Wirkung gewiss nicht zu unterschätzen ist. Als das ganze Gespreize niemand mehr aushielt, machte der gnadenlose Kanzler den ewigen Jungen über Nacht einen Kopf kürzer. Später stellte sich heraus, dass hinter dieser Entlassung irgendeine Judenverschwörung gesteckt haben muss, vielleicht aber auch nur eine Jugendverschwörung. Solche Ansichten sind aber wenigstens generationenübergreifend.

Vom medizinischen Fortschritt

Ob es etwas zu bedeuten hat, dass ich neuerdings kein Konzertprogramm mehr lesen kann, ohne überprüfen zu müssen, wie lange Dvořák gelebt hat oder Brahms? Die Genies, zeigt sich dann, sterben gerne in ihren mittleren 60er Jahren, da braucht man dann ja nur hochzurechnen, wenn man gelegentlich unter Genieverdacht in eigener Sache laboriert, weil einem ein paar ältere Damen gar zu liebreizende Briefe aus ihrem Wohnstift Augustinum geschrieben haben.

Andererseits werden wir in den Konzertprogrammen selten mit ärztlichen Bulletins über Krankheiten und Todesursachen behelligt; so ist gut möglich, dass die Genies durch Leiden hinweggerafft worden sind, von deren Existenz – und dann auch noch in ihrem eigenen Körper – sie nie etwas erfahren haben. Ganz sicher ist schon mal, dass Brahms nie etwas von einem Gamma Knife System gehört haben wird.

Ich muss deshalb an dieser Stelle ein wenig ausholen, mit festem Schritt wieder mitten hinein in den medizinisch-technischen Komplex: So ein Buch soll den Leser ja auch weiterbilden.

Die Sache war also die, dass ich eines Tages im schönen September 2002 plötzlich unter merkwürdigen Erinnerungslücken zu leiden begann: Mit wem war ich eigentlich heute Mittag verabredet, und wie hießen gleich wieder meine Geschwister mit Vornamen, lauter so komplizierte Fragen eben, auf die man nicht vorbereitet ist. Ein wenig dumm war, dass die leicht beunruhigenden Phänomene genau in jener Woche begannen, in denen meine Zeitung mich zur Begleitung des Gerhard Schröder in den Wahlkampf entsandt hatte. Da wäre es schon praktisch gewesen, wenn ich immer gewusst hätte, ob unser Hubschrauber jetzt gleich in Rendsburg landen würde oder in Regensburg, oder ob das alles überhaupt nicht stimmte, weil ich in Wahrheit in meinem Bett lag und phantasierte.

So war das dann aber nicht, und irgendwie habe ich doch ein paar Schneisen schlagen können durch die Dickichte meiner Verabredungen und meines Limbischen Systems, dem ich da noch unterstellte, es sei ganz einfach dem Stress der vergangenen Tage nicht mehr richtig gewachsen gewesen. Leider hatte ich ihm da bitter Unrecht getan, wie sich zwei Tage nach Rückkehr mit Hilfe eines Kernspintomographen erwies, einer Sorte von Apparaten, die ich schon deshalb alle nicht leiden kann, weil sie immer so schrecklich viel Lärm machen müssen bei ihrer Arbeit. Als der Apparat ausgebrummt hatte, hatte er solide Arbeit geleistet: Er hatte einen Tumor im Gehirn gefunden, der sich inzwischen zunehmend darauf konzentriert hatte, das Zentrum für bestimmte Gedächtnisleistungen und für das fehlerfreie Aufzählen des Alphabets zu irritieren.

Die nächste Abteilung überschlage ich jetzt mal – obwohl natürlich die unterschiedlichen Ausprägungen der Todesangst durchaus ein Thema sind, das die Generationen voneinander trennen kann. Weil der jüngere Mensch im Alltag eher selten von ihr ergriffen wird, ist er oft darauf angewiesen, sie sich auf den Schlachtfeldern zu suchen oder sich an einen S-Bahn-Wagen zu klammern und zu überlegen, wie lange es wohl dauert, bis er von einem Signal erschlagen wird. Es muss da schon auch der mächtige Wunsch dahinter stecken, rechtzeitig herauszufinden, wie das später mal sein wird, wenn man keine Bahnsignale mehr braucht zum Sterben.

Aber ich wollte ja vom Fortschritt berichten, einem rundum positiven Thema. Nun ja, fast rundum positiv – es ist nämlich des Lebens ungemischte Freude nur wenigen Sterblichen zuteil geworden, vor allem im Zusammenhang mit der langsam um sich greifenden Erkenntnis, dass man aber genau das ist: sterblich. Zuerst also, junger Mensch, wirst du, wenn es so weit ist, erst einmal eher hilflos sein, mit all deinen Fragen: Sollst du schon einmal die Musik für dein Requiem heraussuchen, oder doch lieber sehen, ob es irgendwo medizinische Hilfe gibt – rasch, kompetent, einigermaßen bezahlbar? Wenn in diesem Zusammenhang ein Ratschlag über die Generationen hinaus vorweg schon einmal erlaubt ist: Sorge, oh Jüngerer, rechtzeitig dafür, dass du nicht türkisch radebrechen musst, wenn du in einem deutschen Großkrankenhaus jemanden auf die Dringlichkeit deines Falles aufmerksam machen willst. Besser, du warst zufällig gerade mit deinem Bundeskanzler auf Wahlkampfreise, dann brüllt die Sprechstundenhilfe deiner Onkologin so lange mit der zuständigen Oberärztin des dich behandeln sollenden Großkrankenhauses, bis die wirklich glaubt, dass du des Kanzlers bester Freund bist und deshalb sofort gerettet gehörst – vor ungefähr jedem anderen. Auf weniger peinlichem Weg wirst du dann doch noch mit gleich zwei wichtigen

Chefärzten in Kontakt kommen, allerdings wirst du dich wochenlang schämen, wenn du dich an diese Gespräche erinnerst. Wie das Sprichwort lautet: Wenn du bei keiner wichtigen Zeitung beschäftigt wärest, müsstest du früher sterben.

Und nun endlich zu den Segnungen der neuen Zeit, die es dann aber auch wirklich in sich haben. Drei Tage nach dem Gespräch, in dem ich erfuhr, was los ist, befinde ich mich in der Praxis eines Neurochirurgen, von dem mir gesagt wird, dass er nicht mit Hammer und Meißel meinen armen Schädel wird aufstemmen wollen, schon weil dadurch vieles gefährdet wäre, was eventuell noch an Brauchbarem darin gelagert ist. Die schlechte Nachricht ist, dass dieser Tumor inoperabel ist, die gute dagegen, dass er sich – als isolierte Metastase – ausnehmend gut eignet für die Bekämpfung mit Gammastrahlen, die ihn, wie man hört, einigermaßen zuverlässig verschmurgeln. Zwei weitere Tage später, beim eigentlichen Termin in der Praxis, habe ich schon ein halbwegs gutes persönliches Verhältnis zu dem Teil gewonnen; das hängt damit zusammen, dass die Bilder des Kernspintomographen – inzwischen dreidimensional aufgelöst – in den schönsten Farben auf dem Bildschirm des Computers an mir vorbeischwimmen. Das Objekt unseres Interesses ist jetzt freigelegt und wartet auf seine Zerstörung.

Die geht dann so, dass ich zu Beginn eine Art Dornenkrone in den Kopf geschraubt bekomme; tut fast gar nicht weh, und die Dornen sind dazu da, dass man später mit ihrer Hilfe die Strahlen in den Kopf gejagt bekommt, dorthin, wo sie benötigt werden. Längst erinnert mich die Ordination nicht mehr an eine Krankenstation als vielmehr an eine Art Physiklabor, in welchem zwei Weißkittel einander in regelmäßigen Abständen zurufen, aus welchem Winkel der Schädel gerade beschossen werden muss und mit welcher Strahlendosis, wie der Computer es befiehlt. Die Prozedur, die 14-mal mit unterschiedlichen Längen wiederholt wird, kriege ich nur mit, wenn ich nicht gerade döse, aber gegen 13 Uhr ist sie zu Ende, ich darf nach Hause mit dem eigenen Auto: Gehirnoperation, anschließend TÜV-Plakette, sozusagen.

Klingt das alles jetzt vielleicht nicht dramatisch genug für den coolen Jüngling, für das fetzige Girl? Ist aber egal. Weniger egal wäre es, wenn das Gamma-Messer in meinem Hirn vielleicht ein paar Stellen zum Arbeiten animiert hätte, die sonst eher selten zum Einsatz kommen. Jedenfalls hat es wohl Gründe, dass ich plötzlich verschärft über die Frage nachzudenken begonnen habe, wieso ich eigentlich glaube, Anspruch zu haben auf diese überaus kunstfertige Art der Lebensverlängerung, zu welchem Zweck überhaupt die Menschheit immer raffiniertere und teurere Methoden erfindet; das ist ja der Sinn der ganzen Hochmedizin.

Manchmal denke ich neuerdings, es könnte eine Art neuer Gottesbeweis sein, wenn der Herr den Menschen diese immer neuen ungeahnten Fertigkeiten zur Verfügung stellt, deren neue Dimension – die Gene, die Gene – erst langsam am Horizont zu sehen ist: Als wolle er uns mit aller Macht zeigen, dass da noch etwas anderes sein muss nach dem bisher geplanten Ende des Lebens, etwas, auf das es sich mit aller Macht zu warten lohnt, notfalls mit Hilfe von Gamma-Messern, für deren Bereitstellung sich dann auch der Ruin des restlichen Gesundheitssystems lohnt. Jetzt müsste man nur noch herausfinden, was dieses andere genau ist und was der Herr vielleicht bei mir damit vorhat.

Dazu passt jetzt gut der Aphorismus von Oscar Wilde, den ich dieser Tage gelesen habe: Zuschauer des eigenen Lebens zu sein, hat er mal gesagt, als er sich noch selber gerne zuschaute, das ist der Weg, um den Schmerzen des Lebens zu entrinnen. Da wäre ich ja mit meinem präzisen Blick auf gewisse 7,5 Kubikzentimeter Feind in meinem Kopf genau auf dem richtigen Weg gewesen.

Ein nicht gesitteter Kreis

Im Museum des Lothar Günther Buchheim am Starnberger See ist es zu einem Drama gekommen. Zwei junge Elternpaare wollten sich mit ihren Kindern einen schönen Tag in der Kunst machen, eine der Mütter war sogar irgendwie prominent, jedenfalls ist sie bei einem Privatfernsehsender als Ansagerin zu besichtigen. Und jetzt so was! Die jungen Eltern wollten doch nur mit ihren Kinderwägen ins Museum, aber da wurden sie mit einem Mal von den Angestellten gebeten, ihre lieben Kleinen doch bitte in die dafür bereitgestellten Buggies umzutopfen, die mitgebrachten Gefährte seien nämlich zu breit und könnten die Stellwände gefährden.

So geht das aber natürlich nicht, schon gar nicht, wenn

eine Dame vom Fernsehen involviert ist. Es kam zu einer Auseinandersetzung, die wir uns erregt vorstellen müssen, wenn irgendwie das Temperament des Hausherrn auch auf seine Angestellten durchschlägt. Wahrscheinlich hätten die Museumsleute auch wissen können, dass Frauen vom Fernsehen Kollegen in Zeitungen haben. Jedenfalls machte kurz nach dem Vorfall die Münchner *Abendzeitung* mit der Schlagzeile auf, wie grässlich die jungen Kunstliebhaber in Bernried behandelt worden seien. Daneben stand ein Kommentar, der nur 20 Zeilen lang war, die aber genügten, um dem 84-jährigen Sammler und Stifter der Bilder viermal vorzuhalten, er sei ein Greis und solle sich gefälligst wie ein solcher benehmen, gesittet eben. Schon wahr, das hat Buchheim noch nie so gut gekonnt. Aber warum soll er damit gerade bei den schönen jungen Leuten aus München anfangen?

Dürfen Studenten auch mitreden?

Vor ein paar Monaten hatten wir für unsere Münchner Rede-Reihe über »Gott und die Welt« das Thema Universitäten aufs Programm gesetzt. Bedeutende Leute hatten wir wie immer bei diesen Stadtforen aufs Podium gesetzt, einen Unipräsidenten, zwei Bildungsexperten, einen Pädagogikprofessor. Drei Tage vor der Veranstaltung ist uns dann plötzlich aufgefallen, dass wir vielleicht doch eine Gruppe von Leuten vergessen hatten. Da haben wir ganz schnell noch einen Studentenvertreter herbeigekarrt und ihn gebeten, mit uns über sein künftiges Leben zu diskutieren.

Wie das gekommen war? Dafür gibt es im Wesentlichen zwei Erklärungen. Die erste könnte damit zu tun haben, dass uns Veranstaltern in den letzten Monaten kein junger Mensch durch Diskussionsbeiträge aufgefallen war, an denen sich – weil sie prononciert waren oder wütend oder kenntnisreich – in der Öffentlichkeit irgendeine Debatte entzündet hatte. Wenn sich Studenten zu Wort gemeldet hatten, dann sowieso eher in Nordrhein-Westfalen, und da ging es dann um Studiengebühren, die den Betroffenen zu hoch waren, oder es ging um die Frage, warum es so beschämend wenig Studentenwohnungen gibt in München. Das waren alles wichtige Anliegen, aber sie kamen uns wohl schon ein wenig bekannt vor.

Der wichtigste Grund dafür, dass wir keinen Studenten eingeladen hatten, war das natürlich nicht. Der hatte nämlich schlicht damit zu tun, dass wir Alten uns längst eingerichtet haben in unserer Vorstellung, wir alleine seien es, die wüssten, wie man die Lage der Hochschulen und überhaupt der Jugend in der Ausbildung analysieren und diskutieren muss. So viele Untersuchungen haben wir Erwachsenen zu diesem Thema auf den Weg gebracht, so viele Expertisen verlangen einen völligen Umbau des Universitätswesens oder aber auch die Besinnung auf die alten Traditionen. Da würden jugendliche Diskutanten nur stören, die, wenn sie aufs Podium gehen, sich erst einmal nur mit ihrem Vornamen anreden und sich im Übrigen weigern, den ganzen Jargon zu benutzen, der bei Veranstaltungen in altehrwürdigen Rathaussälen einfach

Vorschrift ist. Das könnte dann auch der Grund sein, warum die letzten unserer Stadtforen immer gut besucht waren, aber eigentlich fast immer nur von den Angehörigen einer Generation, der Alten und Mittelalten. Die neue hat inzwischen anscheinend nicht einmal mehr Lust, mit unsereinem vor anderen Leuten frech umzuspringen.

Doch, doch, immer noch reden Alte und Junge über Gott und die Welt. Aber anscheinend doch lieber, wenn die jeweils andere Partei gerade nicht da ist.

Meine Mutter und ich

Die wöchentlichen Telefongespräche mit meiner Mutter waren nicht sehr ergiebig. Wenn ich ehrlich bin, habe ich mich sogar regelmäßig davor gefürchtet, noch als ich 40 Jahre war oder 45: Dass sie mich wieder fragen würde, ob mein Chefredakteur Heigert – sie kannte ihn vom Fernsehen – mit mir immer noch zufrieden sei; dass sie würde wissen wollen, ob ich inzwischen beim Friseur gewesen war. Wahrscheinlich würde sie mich auch in eine Diskussion über Willy Brandt verwickeln wollen, den sie nicht leiden konnte, weil er erstens ein Sozi war und außerdem sich hatte scheiden lassen von seiner sympathischen norwegischen Frau, nur um eine jüngere zu heiraten.

Im Grunde gab es nur zwei Möglichkeiten, die zehn Minuten dieser Telefonate gut hinter uns zu bringen, von denen die ersten beiden schon dazu gebraucht wurden, dass die Mutter sich darüber beklagte, ich hätte zwei Wochen nicht mehr bei ihr angerufen, was mir die Gelegenheit gab, ihr minutiös nachzuweisen, wie sehr sie da im Irrtum sei; oder dass ich leider auf eine völlig überraschende Dienstreise entsandt worden sei, vorzugsweise in eine Stadt, von der aus es praktisch unmöglich gewesen sei, mit ihr zu telefonieren. Ich schäme mich heute noch, wenn ich an diese Dialoge voller Ausreden und Lügen denke, aber ich konnte wohl so wenig aus meiner Haut heraus wie sie aus der ihren. Wenn sie einigermaßen gut drauf war, konnte ich ihr wenigstens sanft und leicht schlechten Gewissens zu erklären versuchen, dass ihr Franz Josef Strauß, was die katholisch vorgeschriebene Zügelung seines Geschlechtstriebs anlangte, auch kein Heiliger war. Wenn es ihr nicht so gut ging, schleimte ich mich ein wenig ein und ließ einfließen, ich sei dieser Tage in der Katholischen Akademie gewesen und der Herr Kardinal habe dabei ein paar freundliche Worte an mich gerichtet.

So war das im Wesentlichen mit dem Gespräch unter den Generationen in unserer Familie; dass es kaum stattfand, lag nicht zuletzt an meiner Mutter, die uns hatte studieren lassen, mit dem Ergebnis, dass wir nun glaubten, alles besser zu wissen als sie. Solange ich mich erinnern kann, haben wir vier Kinder uns stillschweigend oder ausdrücklich darauf verständigt, die »Frau Mutter« – aber diese witzig gemeinte Formulierung mochte sie auch nicht – nicht mit den Dingen des Lebens zu behelligen, die sie ja doch nicht verstehen und ihr im Zweifel nur das Herz abdrücken würden. Also unterschrieb meine große

Schwester in Mutters Namen im Lateinheft, wenn der Studienrat dieses Faches mitteilen wollte, ich hätte wieder keine Hausaufgabe gemacht; also erfand ich für die Mama tausend Geschichten, wenn der große Bruder so tat, als würde er in München eifrig studieren, während ich doch genau wusste, dass er vor zwei Uhr nachmittags selten aufstand und also die Universität mehr vom Vorbeifahren mit der Straßenbahn kannte. Mutter hatte vor allem Angst um uns: dass ihre Töchter einen Evangelischen heiraten würden, dass aus den Söhnen nichts werden würde, obwohl doch der Jüngste sogar hätte Beamter werden können.

Manchmal frage ich mich inzwischen, ob ich aus dieser Sprachlosigkeit eigentlich selber etwas gelernt habe, oder ob auch meine Dialogversuche mit der nächsten Generation der Familie im Wesentlichen dabei hängen geblieben sind oder bleiben, dass mit dem Sohn die Fußballspiele des Wochenendes durchgesprochen werden und mit den Töchtern die Frage, ob sie noch mit dem Gedanken spielten, irgendwann im Laufe der kommenden Woche ihr Zimmer aufzuräumen. Doch ja, damit vergeht eine Menge Lebenszeit, obwohl wir doch die Generation sind, die – wie meine Kinder – weiß, wie ein Gymnasium von innen aussieht. Aber da bin ich jetzt vermutlich doch ein wenig ungerecht mit uns selbst: Diese Eltern und Kinder reden wohl doch überdurchschnittlich viel miteinander, wir geben uns nur nicht dauernd Rechenschaft darüber, wie wir das tun und ob wir die richtigen Themen haben: Außer, wenn in Erfurt plötzlich ein Gymnasiast seine Mitschüler und Lehrer ermordet, weil er es zu Hause nicht fertig gebracht hatte, davon zu erzählen, welcher Hass auf die Schule sich in seinem Herzen aufgestaut hatte. Dieser junge Mann, das war ja das Schrecklichste an seiner Tat in Erfurt, war in einem ganz normalen bürgerlichen Elternhaus aufgewachsen. Dass darin nicht geredet wurde, fiel niemandem so recht auf.

Miteinander reden? Marschall de Montluc sagt seinem Freund Montaigne, als ihm sein Sohn auf der Insel Madeira gestorben war, wie sehr es ihm das Herz zerreiße, dass er sich ihm nie habe zu öffnen gewusst: »Der arme Junge hat von mir nichts zu sehen bekommen als eine finstre und geringschätzige Miene.« Und weiter: »Für wen habe ich die Offenlegung meiner beispiellosen Zuneigung aufgespart, die ich in meinem Inneren für ihn empfinde?«

Sehr viel trostloser kann eine Bilanz nicht ausfallen. Aber es hindert einen ja nichts, es selbst doch noch besser zu machen, oder?

Zwei Sorten Verwirrung

Es gibt – unter den vielen anderen – zwei ganz besonders gefährliche Geistesverwirrungen: Die eine ist der Jugendwahn und die andere der Altersstarrsinn. Am besten gedeihen sie direkt nebeneinander.

Zum ersten Mal stärker aufgefallen ist mir dieses symbiotische Phänomen, soweit ich mich erinnere, rund um den Anfang des dritten Jahrtausends, das hier zu Lande – aber nicht nur hier zu Lande – ganz im Zeichen alter Männer stand, die für sich herausgefunden hatten, sie seien vermutlich unsterblich, auf jeden Fall unersetzbar. Wo man damals hinsah, erblickte man ältere Herrschaften (Frauen gehörten, wenn man von Marion Dönhoff absah, so gut wie nie dazu), die offenbar beschlossen hatten, auf ewig zu regieren. In Rom residierte ein 80-jähriger Papst, auf dessen immer schwächeren Schultern eine ganze Weltkirche schwankte; in Israel hatte gerade ein 73-jähriger Staatsmann einen 59-jährigen Regierungschef beerbt, um – an der Seite eines 77-jährigen Außenministers – den Vernichtungskrieg gegen Kinder und Jugendliche durchzuziehen, die so wenig Zukunft für sich sahen, dass sie sich lieber gleich in die Luft sprengten, an voll besetzten Bushaltestellen. Bei uns in Deutschland ging es damals gerade nicht direkt um das Schicksal der Welt, aber eindrucksvoll war es trotzdem, mit wie viel Kraft sich die Bedeutenden einkrallten in ihren Ämtern, ob sie nun gerade das Land Sachsen regieren mussten oder – wie Wolfgang Wagner – das Land Walhall. (Der deutsche Innenminister war damals erst 70 Jahre alt, aber schon da zeichnete sich ab, dass das Land nicht auf ihn würde verzichten können, wenn die alte Koalition noch einmal wieder gewählt würde. So kam es dann ja auch: Erst hielt Otto Schily eine Rede als Alterspräsident des Bundestags, dann begannen die Steinmetze und Bildhauer seines Amtes weiterzuarbeiten an der Büste, die irgendwann aufgestellt werden würde Unter den Linden, gleich in der Nähe des Großen Friedrich.)

Darf sich an dieser Stelle der Herr von Montaigne wieder ein wenig in die Debatte einmischen? Genau über diesen Aspekt unseres Themas hat er nämlich besonders intensiv nachgedacht und den Menschen schwer ins Gewissen geredet, sie sollten sich nicht zu lange an Macht und Ämter klammern: »Die Unfähigkeit, das Erschlaffen und den äußeren Kräfteverfall an sich wahrzunehmen, denen das Alter sowohl den Körper als auch die Seele unterwirft, macht den Ruf der meisten großen Männer der Welt zunichte.«

Wird schon stimmen: Deshalb haben ja auch die durchtrainierten, ständig topfitten Fußballstars alle einen viel besseren Ruf als die schlappen Minister, die nicht aufhören können. Obwohl andererseits – nicht einmal Fußballspieler sind auf ewig jung, auch dann nicht, wenn sie von ihren Trainern noch in die Schlacht geschickt werden. Es gibt da ja diese Kicker-Stars, die zum Beispiel Effenberg heißen oder Oliver Kahn oder Thomas Häßler – lauter gesunde junge Männer zwischen 30 und 37, die alle wegen penetranter Juvenilität nie in Frage kämen oder gekommen wären als Wagner-Nachlassverwalter oder sächsische Ministerpräsidenten in der Nachfolge des ewig jungen Kurt Biedenkopf. Na gut, müssen sie ja nicht. Problematisch ist nur, dass die erwähnten Herren als Keeper oder Mittelfeldmotoren ganz bald auch schon wieder zu alt sein werden. Im Jahre 2006 haben wir hier Weltmeisterschaft – was sollen wir dann mit all den alten Knackern?

Wir lernen daraus: Jeder Mensch hat seine eigenen Jungen, die ihm im Nacken sitzen, und jeder hat seine eigenen Alten, die einfach nicht einsehen, warum sie auf die Ersatzbank sollen, so lange sie Don Giovanni origineller in Szene setzen oder den Ball besser stoppen können als irgendein hergelaufener Nachwuchslümmel oder jedenfalls denken, sie könnten das.

Kürzlich habe ich eine Viertelstunde lang einer Horde Kindergartenkinder beim Spielen zugeschaut. Zuerst war noch alles normal: Drei Fünfjährige haben ein vielleicht dreijähriges Mädchen mit hämischen Bemerkungen gequält, weil es zu klein war, um auf das Klettergerüst zu steigen. Klar, so sind sie, die widerlichen Alten. Später kam die Mutter, um das Mädchen abzuholen, das im Prinzip längst schon wieder vergnügt war. Im Angesicht der Mami flossen aber dann doch noch einmal die Tränen. Und wurden unterfüttert durch einen Satz, wie in Stein gemeißelt: Ich mag nicht mehr in den Kindergarten, schniefte die Kleine – mit den alten Säcken hier kann kein Mensch vernünftig spielen.

Bonjour Tristesse?

Ein weiteres Mal zurück zum grundsätzlichen Unterschied zwischen den Generationen: Vielleicht könnte man ihn probehalber auf den Unterschied reduzieren, den es ausmacht, wenn die Sozialisation ganzer Jahrgänge ohne eine von einer großen Treibstoff-Compagnie gesponserte wissenschaftliche Jugendstudie auskommen musste und wenn sie dazu keine Möglichkeit hatte.

Um allen möglichen Missverständnissen zuvorzukommen: Ich habe die Macher der Shell-Jugendstudie schon ganz zu Beginn ihrer Arbeit kennen gelernt und kann nur das Beste über sie sagen: vor allem, dass sie alles andere als staubtrockene Forscher sind, die sich an ihren schönen Statistiken und den lukrativen Anschlussaufträgen aufgeilen. Nein, mein Freund Artur Fischer von der Frankfurter Psydata hat mit seinen Kollegen und studentischen Mitarbeitern mit Lust und Laune so etwas wie Feldstudien betrieben, unter Zuhilfenahme ausgiebiger Gespräche mit den Objekten ihres Interesses; aus denen wurde sehr plausibel deutlich, warum viele von den Jungen nicht mehr so recht eine Karriere im SPD-Ortsverein Berg am Laim – zügig vom stellvertretenden Kassenwart bis zum Vorsitzenden der Berg-am-Laim-SPD-Grundwertekommission – für den zentralen Inhalt ihrer Träume halten mögen. Aber was habe ich da wirklich über die Jungen gelernt, was ich nicht schon geahnt hätte. So verdienstvoll und nötig das alles war – irgendwie haben mich die Nachrichten aus Jugendland immer auch sehr an die Expeditionsberichte aus vergangenen Zeiten oder sehr exotischen Ländern erinnert, in denen eine Reihe seltsamer Stämme vorgestellt wurden, gerne auch mit Hilfe schöner Fotodokumente.

Merkwürdige Ethnien wurden da aufgestöbert und mit kaum verhohlener Erregung vorgestellt: Die glatzköpfigen Skins und die grünhaarigen Punks zum Beispiel, später und in anderen Expeditionsberichten gerne auch mal junge Mädchen, von denen es hieß, sie ritzten sich ihre Haut mit Glasscherben auf oder sie montierten sich metallene Kügelchen in Zunge, Lippen oder Bauchnabel. Lange sann ich jeweils nach über die Erläuterungen aus

Forschermund, das täten die Jungen alles nur, weil sie verzweifelt versuchten, auf diese Weise irgendwie eine eigene Individualität zu entwickeln und sich so unverwechselbar abzuheben von der grauen Masse der Ungepiercten. Als ich dann zum ersten Mal eine hübsche Nadel im hübschen Nabel meiner Tochter entdeckte und die Nadel vorsichtig thematisierte, stellte ich aber – »das haben jetzt doch alle« – schnell zu meiner Beruhigung fest, dass bei ihr wenigstens der Drang zur Unverwechselbarkeit nicht ins Maßlose mutiert haben konnte.

Womit ich gedanklich unversehens bei einem meiner Lieblingsthemen angekommen war: Der Frage, an welchen Vorbildern sich die jetzige Generation der jungen Leute recht eigentlich orientiert; ob es da wirklich keine menschlichen Stützen gibt, an denen sich der verwirrte Adoleszent festhalten kann, solange er noch dabei ist, sich einen Lebensentwurf zu zimmern, von dem er ohnehin ahnt, dass er vielleicht schon den nächsten Sommer nicht wird überleben können. Ich war also bei den Vorbildern.

Dass mein erstes Vorbild der Heilige Vater Pius XII. war, lag eindeutig an der Geschichte, die uns im ersten Gymnasialjahr unser Religionslehrer Matthias Reichenwallner erzählte, im humanistischen Gymnasium zu Burghausen an der Salzach. Im Prinzip handelte sie merkwürdigerweise ja erst einmal von Winston Churchill, der sich wohl auch nach Meinung des Religionslehrers nicht in erster Linie als Kronzeuge für gottgefälligen Lebenswandel und fromme Friedfertigkeit eignete. Es war dem Monsignore Reichenwallner nur eine Notiz in unserer Lokalzeitung aufgefallen, aus der hervorging, dass Churchill einmal zu einer Privataudienz beim zwölften Pius geladen war und dass er, als er sie wieder verließ, tief Luft holte, um dann seinem Privatsekretär zu sagen, nach dem Treffen mit so einer starken Persönlichkeit brauche er aber eine wirklich dicke Zigarre. Besonders hoch entwickelt kann mein katholisches Selbstbewusstsein damals nicht gewesen sein, sonst hätte sich mir eine solche Propaganda-Schmonzette für den innerkatholischen Gebrauch nicht auf Jahre hinaus eingeprägt. An tief greifende Nachwirkungen hinein in mein späteres Leben kann ich mich aber nur insofern erinnern, als ich irgendwann vorübergehend Geschmack an dicken Zigarren entwickelt habe.

Der Papst also, später Albert Schweitzer, Fritz Walter, Franz Beckenbauer – lauter Fixsterne fürs Leben des jungen Riehl – und allen voran, von einem bestimmten Junitag im englischen Wimbledon an, war es dann ein gewisser 17-jähriger Leimener, dem die deutsche Jugend, darunter der nicht mehr ganz so junge Pressewart des TC Eichenau, am entschiedensten nachzufolgen versuchte.

Es ist nachgerade rührend, noch einmal Bilanz zu ziehen und zu sehen, mit welch bescheidenen Mitteln ein rotblonder Hänfling, der über eine zugegeben überaus eindrucksvolle Rückhand verfügte, es fertig brachte, die Kinder gleich mehrerer Generationen deutscher Männer und Frauen in seinen Bann zu schlagen. Der Knabe musste nur einmal, nach einem Erfolg beim Daviscup-Match mit der schwarz-rot-goldenen Fahne auf der Schulter rund um den Platz laufen, schon rannte er in ein Rudel von Reportern, die von ihm wissen wollten, ob er nun stolz sei, ein Deutscher zu sein oder wenn nein, warum nicht. Gab er dann, weil er über so etwas ja wohl wirklich noch nie ganz ausführlich nachgedacht hatte, den hanebüchenen Satz zu Protokoll, er wundere sich darüber, »dass der Deutsche noch immer Schuldgefühle hat, weil wir damals vor 40 oder 4000 Jahren schlecht zu Ausländern waren«, dann war die Irritation auch bei ausgewiesenen Boris-Anhängern verständlicherweise groß – aber leider nicht die gegenüber dem Geschichtsunterricht an gewissen höheren Schulen des Landes Baden-Württemberg, wo sie mehr als angebracht gewesen wäre.

Sie hätte sich ohnehin nicht so recht gelohnt, rein zeitlich: Wie nicht anders zu erwarten, sprang der sportliche junge Mensch Becker ein paar Jahre später auf den nächsten vorbeifahrenden Zug, von dem aus nun plötzlich ein paar patriotische Fans aus der Hausbesetzerszene nach ihm winkten. Als der neu ernannte Deuter deutscher Geschichte daraufhin der Zeitschrift *Sports* anvertraute, er habe mit dem einen oder anderen Bewohner der Hafenstraße vielleicht mehr gemeinsam als mit manchem Vorstandsmitglied einer Bank, begannen in den obersten Etagen einer schwäbischen Firma für Molkereiprodukte erregte Debatten über die Frage, ob ein Mensch, der solche Sachen sage und vielleicht sogar denke, »noch länger unser Vertragspartner« sein könne. Die Verwirrung und Ratlosigkeit war kaum noch zu steigern: Wie soll denn jemand der deutschen Jugend ein Vorbild sein, wenn er geistig-moralisch nicht einmal den Ansprüchen eines mittelständischen Joghurt-Produzenten genügen kann?

Es hat sich ja dann erfreulicherweise herausgestellt, dass der Mensch Boris in seiner Eigenschaft als geschlechtliches Wesen wie in der als Steuerzahler eher weniger den Ehrgeiz hatte, zum Vorzeigeliebling der deutschen Pädagogen zu werden; so gut sich diese Erkenntnis auf das Niveau der einschlägigen Debatten auswirkte, so groß war dann doch das Loch, das sich mit dem Verschwinden des Boris Becker in monegassischen Absteigen und Londoner Besenkammern auftat: Es stellte sich heraus, dass es einfach keinen Ersatz für ihn gab; nicht einmal Dieter Bohlen konnte ihn so richtig ersetzen, so vorbildlich es sein mag, wenn sich ein durchschnittlicher Schlagerfuzzi mit viel Chuzpe und ganz wenig Manieren an die Spitze der deutschen Bestsellerlisten hinaufkatapultiert, indem er in Buchform bekannt gibt, wie oft und bei welchen Gelegenheiten er sich seinen Penis gebrochen habe. Ein junger Mensch, der das liest, selbst entsprechende Erfolge nicht aufweisen kann und auch sonst nicht weiß, wie er wenigstens für ein paar Stunden weltberühmt werden könnte, wird am Ende vielleicht wirklich depressiv oder aggressiv oder beides. Und wenn viele ganz schlimme Umstände zusammenwirken, dann kauft er sich vielleicht eines Tages eine Pumpgun, rennt in seine Schule und richtet unter seinen Mitschülern ein Blutbad an.

Nach dem Erfurter Massaker ist ein paar Wochen lang heftig über den Zustand unserer Schulen, auch über die Frage diskutiert worden, ob nicht die meiste Schuld an Katastrophen dieser Art bei den Eltern liege, die es nicht mehr schafften, mit ihren Kindern zu vernünftigen Gesprächen über den Sinn des Lebens zu kommen.

Freilich, dazu müsste man diesen Sinn als Vater oder

Mutter erst einmal selbst so richtig kennen und dann den Mut haben, über seine vagen Erkenntnisse in dieser Angelegenheit mit seinen Kindern zu reden, beim Mittagessen zum Beispiel, oder wenn sich gerade sonst eine gute Gelegenheit ergibt.

Sie ergibt sich nur leider fast nie. Zu meinem Trost – wenn es denn wirklich einer war – habe ich dieser Tage im Radio ein schönes Interview mit einem sympathischen älteren Herrn gehört. Der Mann, den ich nicht gleich erkannte an seiner sonoren Stimme, wurde nach seinem Beruf, seinen politischen Ansichten und am Ende nach seiner Familie befragt, und es war deutlich hörbar, wie ihn dieses Thema plötzlich elektrisierte. Vor ein paar Wochen, erzählte er, sei er mit seinen beiden Kindern auf einer längeren Autofahrt unterwegs gewesen, und irgendwann – man sei länger im Stau gestanden – habe sich plötzlich ein sehr schönes Gespräch entwickelt, über den Glauben, über die Dinge des Lebens. Ganz wunderbar sei diese Dreiviertelstunde gewesen, sagte der Vater: »Vielleicht einer der schönsten Momente meines Lebens.«

Die Geschichte hat mich gerührt, wahrscheinlich weil sie mich an einer empfindlichen Stelle getroffen hat. Ich habe noch lange darüber nachgedacht, wie oft eigentlich mir in meinem Leben solche Gespräche mit meinen Kindern gelungen sind. Viel mehr als dem Vater im Radio ist mir dabei nicht eingefallen, das liegt aber vermutlich an unseren beiden Berufen, bei denen der rechte Umgang mit den Worten nicht sonderlich geübt wird. Ich bin Journalist, und der Mann im Radio war ein evangelischer Landesbischof.

Unsere Zukunft im Meer
und am Rande des Vulkans

Vielleicht bin ich ja deshalb Journalist geworden, weil man in diesem Beruf verpflichtet ist zur Neugier, deshalb so gut in anderer Leute Lebensentwürfen herumstöbern und sie mit seinen eigenen – mal mehr, mal weniger geglückten – vergleichen kann. Jedenfalls erinnere ich mich an solche Recherchen besonders gerne.

Einmal, vor ungefähr dreitausend Jahren und vor zahllosen Konjunkturkrisen, Neuanfängen der deutschen Geschichtsschreibung, Kriegsausbrüchen und Waffenstillstandsverträgen, einmal in diesen Monaten also, es war im Winter 1982, bin ich bei der 13. Klasse des Münchner Klenze-Gymnasiums, Leistungskurs Geschichte, eingeladen gewesen; genauer gesagt hatte ich mich selber eingeladen. Wir saßen im Nebenzimmer des Gasthofs Oberländer, neben dem noch nicht abgeräumten Weihnachtsbaum – und das war natürlich auch ein sehr passender Platz für das, was wir uns vorgenommen hatten. Es ging ja nur um die Frage, was die 14 Versammelten von ihrem künftigen Leben erwarteten.

Es kam dann ein recht lebhafter Nachmittag zustande, voller Tristesse und guter Laune, voller Genöle und Gekicher. Soweit ich meinen Notizen von damals vertrauen darf, war die erste halbe Stunde unseres Rundgesprächs erst einmal der Analyse der bestehenden Zustände gewidmet – und die waren grässlich. Insbesondere die Schule trieb einen unmittelbar in die Depression: Das

Klenze ist oder war damals eine mathematisch-naturwissenschaftliche Lehranstalt, auf welcher also vom Lehrplan in gesteigerter Weise auf die Vermittlung mathematischer und physikalischer Lehrinhalte Wert gelegt wurde. Diese Entwicklung muss meine Gesprächspartner sehr überrascht haben, jedenfalls stellte sich bei Nachfragen schnell heraus, dass mit solchen Fächern die wenigsten Klenze-Schüler viel im Sinn hatten; nur 20 von 80 Kollegiaten hatten überhaupt einschlägige Fächer belegen wollen.

Und die anderen – wollten die wenigstens Ingenieure, Industriemeister, Beamte, Prokuristen werden, wie es ihnen ihre Väter vorgemacht hatten? Als Erster ekelte sich ein aufgeweckter Junge mit Namen Wolfgang bei diesem Gedanken: Nö, sagte er, er habe da einen Onkel, und dem gehöre eine Tauchschule in Griechenland, und irgendwann, sagte Wolfgang, sei ihm in diesem Zusammenhang die Idee gekommen, ob er nicht einmal Ozeanograph werden könnte. Da gebe es, hatte er gelesen, durchaus noch Marktlücken, übrigens genauso wie bei Wüstenforschern, während es bei den Vulkanologen eher schlecht ausschaue, das Fach sei leider total übersetzt.

Nun gut, das ist jetzt 21 Jahre her, inzwischen müssten sich gerade auf diesem Markt, nicht zuletzt dank der erfreulichen Aktivitäten des Ätna, wieder eine Reihe neuer Perspektiven ergeben haben – ich bin mir allerdings nicht ganz sicher: Leider ist es mir nie mehr gelungen, die Klasse in späteren Jahren noch einmal um mich zu versammeln, sodass ich unglücklicherweise nie erfahren werde, ob aus Norbert wirklich ein Jazzgitarrist geworden ist, aus Jürgen ein Architekt oder doch lieber Goldschmied, und ob es der kessen Hilde gelungen ist, einen Job zu finden, der sich abhebt »vom normalen Stil der Erwachsenen, die nur die Hände über dem Bauch falten und sagen: Mir geht's gut.« (Insgeheim vermute ich ja, dass ein Drittel der Blütenträume irgendwann in einer geregelten, überschaubaren Karriere als Taxifahrer oder als Leiterin der Kundenbetreuung bei einer Versicherung kulminiert. Jedenfalls denke ich bei solchen Überlegungen immer besonders intensiv an einen Berliner Leser des mich beschäftigenden Blattes, der mich eine Zeit lang in sehr vertrauensvollen Briefen in die Zukunftspläne seiner drei erwachsenen, aber noch weitgehend von ihm ausgehaltenen Söhne eingeweiht hat: Alle hätten, schrieb er mir, ziemlich lange was Teures studiert. Und alle seien nun im Taxigewerbe, vorübergehend natürlich.)

Warum ich das hier erzähle? Natürlich nicht, weil ich solche Geschichten irgendwie lustig oder unterhaltsam finde. Sie sind im Ganzen eher traurig, aber tröstlich sind sie seltsamerweise auch – und das muss dann wohl mit einem fast unzerstörbaren Grundoptimismus zusammenhängen, den man gelegentlich nur allzu gerne mit den Jungen teilen würde, wenn man nicht wüsste, dass das normale Leben leider auf einer schiefen Ebene seinen Lauf nimmt – mit ziemlich sicherem Ausgang. Und woher kommt der Optimismus? Manchmal denke ich, aus der Lebenserfahrung, die die Jungen noch gar nicht gemacht haben können: Dass nämlich sowieso irgendwann alles ganz anders kommen wird, als wir uns das so vorstellen können.

Manchmal tröste ich meine Kinder und mich mit Erinnerungen daran, wie meine Mutter zu Hause in Altötting meinen Zukunftsoptimismus ein wenig verdorben und es dann doch nicht geschafft hat: Sie kannte da nämlich die Prophezeiungen mehrerer frommer Männer aus der Umgebung, die ziemlich genau auf die Jahreszahl – oder war es doch das Jahrzehnt? – voraussagen konnten, wann die Russen im Innviertel einmarschieren würden, allerdings wohl nicht bei uns, in Südostbayern, dort, wo wir im Schutz der Gnadenkapelle aufwuchsen. Weil die Russen dann doch nicht gekommen sind, haben wir in der Familie uns mit dem Gedanken angefreundet, dass alles am Ende vielleicht auch sonst nicht so schlimm kommen wird.

Darf ich vorübergehend noch einmal auf die Shell-Jugendstudie zurückkommen, die – das war Ende der 90er Jahre des letzten Jahrhunderts – zu dem Fazit gekommen ist, jetzt habe die gesellschaftliche Krise endgültig auch die Jugend erreicht. Ein Wunder war das nun wirklich nicht: Wer sich damals, nach den täglich sich steigernden Hiobsbotschaften aus der Nürnberger Unglücks-Verkündungsanstalt fit für eine sichere Zukunft fühlte, hatte nur zu wenig Phantasie und zu wenig Talent zu gelegentlich notwendigen Ängsten. Dass die jungen Leute sich für die Hilfe in solchen Ängsten am wenigsten von den Politikern versprechen, hat sich herumgesprochen. Und grundlos wird man diese Skepsis ja auch wirklich nicht nennen können.

Und was folgt daraus? Einerseits ist da natürlich die sattsam bekannte Politikverdrossenheit der Jungen, die dazu führt, dass man heutzutage die 14-Jährigen selbst dann nicht zur Versammlung in den SPD-Ortsverein Eichenau treiben kann, wenn sich abzeichnet, dass dort am Abend ein machtvoller Appell an die USA zur Mäßigung im Irak-Konflikt einstimmig beschlossen werden wird. Und andererseits? Andererseits leben sie eben trotzdem, und sie tun es oft mit einer Unverdrossenheit, zu der man sie nur beglückwünschen kann. Mir fällt da gerade noch Ines ein, eine Bekanntschaft aus der Shell-Studie natürlich. Sie hat dort auf die Frage geantwortet, was sie als Nächstes unternehmen werde auf dem Weg in ihr ganz persönliches Lebensglück.

Richtig begeisternd klingt ihre Antwort auf den ersten Blick nicht: 24 Bewerbungsschreiben, sagt sie, habe sie inzwischen abgeschickt, 24-mal habe man ihr abgesagt. Ist sie nun verzweifelt? »Gar kein Drandenken«, sagt sie. (Oder hat sie damals den Interviewern gesagt, leider ist die Halbwertszeit in solchen Angelegenheiten inzwischen wieder ein Stück kleiner geworden.) Jedenfalls besteht sie darauf, dass es doch möglich sein müsse, »mit ganz normaler Arbeit zu leben«, wenn es sein müsse, werde sie »sogar ins tiefste Dorf in Bayern umziehen«, was offenbar das Absurdeste ist, was sie sich überhaupt vorstellen kann. Im Übrigen ist sie guten Mutes und sagt, sie werde einmal zwei Kinder adoptieren.

Das wird dann auch gewiss wieder interessante Generationen-Gespräche ergeben rund um den Familientisch.

Die Welten-Eroberer

Bin für ein paar Tage in Havanna, im schönen Haus der Tochter unserer Freunde I. und K. Die Tochter K. ist 33 Jahre alt, leitet die Niederlassung einer deutschen Weltfirma in Kuba und dem Rest der Karibik – und ist auch sonst eine zierliche Person, vor der man als halbwegs lebensuntüchtiger Mittsechziger nur bewundernd in die Knie sinken kann. Bevor sie Anfang des Jahres nach Havanna kam für ihr Unternehmen, war sie für zwei Jahre in Ungarn dafür tätig gewesen. Inzwischen spricht sie fünf Sprachen, mit Japanisch fängt sie gerade an.

Weil heute Silvester ist, hat sie eine Reihe von Freunden aus aller Welt zu sich in die Exotik eingeladen. Sie sind alle Anfang 30, haben Chemie studiert oder Jura, und sind dann ganz bald – nach einer kurzen Zeit als Trainees – quer durch die Welt geschickt worden: die einen nach Mexiko, andere nach Atlanta, wieder andere nach München zu BMW oder eben nach Ungarn oder Kuba. Angenehme junge Leute sind sie eigentlich alle, höflich, nicht übermäßig präpotent, wenn sie beim Mittagessen darangehen, im Smalltalk ihre Erfahrungen mit dem Karriereleben in der globalen Welt auszutauschen, die für sie inzwischen offenbar überall ein Stück Heimat bereithält. (Ich darf gar nicht daran denken, wie schwer es mir als erwachsenem Menschen gefallen ist, als ich einmal, der Karriere halber, aus München in das exotische Hamburg übersiedeln musste.)

Einmal, beim Mittagessen, frage ich die versammelten

jungen Erfolgsmenschen, ob es denn ihrer Meinung nach etwas gebe, was ihre Generation miteinander verbinde. Stefan ist der Erste, dem dazu spontan was einfällt: er finde, sie seien alle zusammen »zu satt«. Das mochte aber auch damit zusammenhängen, dass wir an diesem Abend so viele Langusten essen mussten, dass bereits der drohende Eiweißschock sein bleiches Gesicht über uns leuchten ließ.

Ansonsten kamen sie mir nämlich eher ziemlich hungrig vor, wie sie jede Gelegenheit nutzten, aus den Gesprächen der Freunde, sogar aus unseren Antworten auf ihre Fragen, ein paar sinnvolle Informationen herauszufiltern.

Der Cuba libre hilft der Neugier sehr auf die Beine, leider auch meinen Leberwerten, wie sich später herausstellen wird.

Ein Club alter Männer

Bin gestern überraschend in einen Altenclub geraten, genauer in ein Treffen alter Männer. An sich hatte ich gar nicht damit gerechnet, ursprünglich war von so einer Art ungezwungener Jugendparty die Rede gewesen, einer Veranstaltung halt, in der im Keller eines Freizeitzentrums ein paar junge Leute Platten auflegen und Flaschenbier verkaufen würden, für das man einen Euro in den bereitgestellten Krug werfen musste.

Ein richtiger Jugendtreff konnte es aber dann doch nicht

sein, jedenfalls nicht, wenn man ihn im schummrigen Licht und mit schlechten Augen besuchte und also im Wesentlichen auf sein Gehör angewiesen war. Junge Frauen zum Beispiel konnten schon überhaupt nicht da sein, sonst hätte nicht grundsätzlich jeder, der etwas wissen oder haben wollte, auch von einer langhaarigen Person mit heller Stimme, immer dieselbe Anrede benutzt: »Hey Mann, lass doch mal ein Bier rüberwachsen.« »Ganz ruhig, Alter«, sagte dann der Angesprochene oder auch sie.

Irgendwann ahnte ich, dass ich jetzt endlich angekommen war in der klassenlosen Gesellschaft. Nirgendwo würde ich künftig noch unangenehm auffallen, weder als alter Mensch noch als alter Mann – wir waren einfach alles alte Männer. Dazu passte auch gut, dass wir hier herunten eigentlich keine Namen hatten, Nachnamen schon gar nicht, auch die Erwachsenen nicht: Hier unten hießen wir, wenn sich überhaupt einer vorstellte, Matze, Sven oder Sonja, alles andere hätte sich sowieso keiner gemerkt, und es wäre auch ziemlich spießig gewesen, sich darum zu bemühen.

Am Abend – ich war inzwischen schon ziemlich froh, dass ich mir meinen eigenen Namen hatte merken können – habe ich in Roland und Andrea Tichys Buch über die Alterspyramide geblättert und gelesen, worin die Bundesregierung die wichtigsten Gründe für die grassierende Kinderlosigkeit bei jungen Leuten vermutet: Sie seien, heißt es in dem darin zitierten Bericht, den Meinhard Miegel und Stefanie Wahl für das zuständige Ministerium erstellt haben, vor allem »in den Maximen individualistischer Kulturen« zu finden.

Mit anderen Worten, je mehr die Ich-AGs ihre Hauptversammlungen nur noch mit sich selber veranstalten, desto geringer ist offenbar die Lust, noch höchstselbst für künftige Aktionäre zu sorgen. Das kann dazu führen, dass man immer weiter vergnüglich aneinander vorbeiredet. Andererseits, hilfreich wäre es schon, wenn man in diesen Gesellschaften wenigstens die ganzen Namen kennen würde und vielleicht sogar noch beim Hineinhorchen in die geheimen Lebensläufe der Versammlungsteilnehmer ein paar Zusatzinformationen über das jeweilige Lebensalter der jeweiligen Vorstandsmitglieder erfahren könnte. Man kommuniziert dann einfach besser miteinander.

Ein jüngster Politiker?

Zu den jüngsten Politikern, die unsere Republik in den letzten Jahren zustande gebracht hat, gehört an erster Stelle Heiner Geißler. Ich halte das hier aus drei Gründen fest: Erstens, weil er inzwischen schon ein Stück über 70 Jahre alt ist, woraus man unschwer erkennen kann, wie jung ich selbst vergleichsweise geblieben sein muss. Dass er selbst immer jünger wird, verblüfft mich zweitens umso mehr, weil mir der Mann, als er noch als CDU-Generalsekretär die Freiheit gegen den Sozialismus verteidigt hat, geradezu wie der Inbegriff der verschmockten Reaktion vorkam. Und drittens ist er einer der wenigen Politiker, die nicht dauernd herumjammern, wenn sie an die Zukunft der nächsten Generationen denken, von denen er sagt, sie würden gerade in Europa zu Beginn des 21. Jahrhunderts zu ungeheuren Chancen kommen. Eine multikulturelle Zukunft werde das sein, schreibt oder redet der frühere scharfe Wahlkämpfer, der seinerzeit schon auch mal tief in den nationalen Mustopf greifen konnte, wenn es darum ging, seine Christenunion gegen die vaterlandslosen Gesellen abzugrenzen. Nichts davon ist mehr da, wenn man den Geißler von heute in einem Aufsatz über die schönen kommenden Zeiten ins Schwärmen geraten sieht: Für unsere Kinder, so schreibt er, werde das eine faszinierende Entwicklung sein: »Man wird in Deutschland geboren, studiert in Großbritannien, arbeitet später wieder in seiner Heimat oder in Frankreich, der Nachbar kann Belgier sein oder auch Türke ...« Noch nie, schreibt Geißler, habe es für junge Menschen »eine Zeit mit so großen Chancen gegeben«.

Also gut, das müssen wir jetzt nur noch unserer Freundin Ines beibiegen, sie ist nämlich offenbar noch gar nicht so richtig überzeugt, wenn man der Momentaufnahme glauben darf, die vor ein paar Jahren die 12. Shell-Jugendstudie von ihr und einigen Altersgenossen angefertigt hat. Obwohl die verschiedenen Lebensentwürfe und Biographien sich ja doch sehr voneinander unterscheiden: Ines (wenn Sie sich bitte noch einmal an die junge Dame erinnern mögen!) war damals gerade 18 geworden und hatte, erfolglos aber unverdrossen, ihre 24 Bewerbungsschreiben verschickt, während der arbeitslose sächsische Maurer Udo nichts dergleichen verschickt hat, dafür aber gelegentlich ein Anschreiben vom Amtsgericht in seinem Briefkasten vorfand, das, wie er sich dunkel erinnerte, mit der Tatsache zu tun haben muss, dass er vor einiger Zeit am Eingang eines Lokals »drei Italiener oder so was mörderisch zusammengeschlagen hat«. Und der noch immer dagegen ist, »dass die Ausländer alle Rechte kriegen, die normalerweise den Deutschen zustehen«.

Einer, der sich gegen solche dumpfen Ansichten wehrt, ist mit Sicherheit ein junger Mann namens Christian, der zu diesem Zeitpunkt mit seinen 23 Jahren schon Mitglied des NRW-Landesvorstandes der Grünen ist und fest mit einer politischen Karriere rechnet. Das hindert ihn natürlich nicht daran, auch denjenigen seiner Freunde ein gewisses Verständnis entgegenzubringen, die bei gelegentlichen Diskussionen darauf bestehen, »dass Politiker einfach Schweine sind«.

Die Bemerkung stammt übrigens aus den Tagen, in denen der längst zum Staatsmann gereifte Politiker Joschka Fischer sich zu seiner rebellischen Zeit über seine Vorgänger eher noch drastischer geäußert oder darüber gemault hatte, wie ganz und gar dröge die heutige junge Generation sei, eine richtige »heiapopeia Jugend«, Leute, die – wie es in der *Frankfurter Rundschau* hieß – immer nur Spaß haben wollen, »um das innere Leersein zu übertönen«. Nur, wo ist das Füllmaterial überhaupt geblieben?

Spaßgeneration ist natürlich schon ein nahe liegendes Wort, wenn man zum ersten Geburtstag in der Volljährigkeit gleich einmal einen Golf auf den Gabentisch gerollt bekommt. Was sollte es da noch für Sorgen geben, außer der Frage, ob immer genug Geld da ist für die nötigen Weißwandreifen und immer genug Benzin im Tank für die

Wochenendreisen nach Mailand oder Paris? Mag schon sein, dass es diese Sorte Jeunesse dorée in manchen gut über die Erbfälle gekommenen Haushalte immer noch gibt. Aber allzu viel Hoffnung sollte man sich auf breiter Front möglichst nicht machen, dazu sind plötzlich die Sorgen zu groß geworden.

Es handelt sich übrigens um ziemlich neuartige, mindestens in den goldenen Jahren der deutschen Nachkriegszeit unbekannte Sorgen. Die alten, lieb gewordenen Probleme scheinen nun nicht mehr so wichtig zu sein: Nicht mehr das drohende Unglück der Welt treibt die Jungen von heute in Massen auf die Straßen, außer wenn die Amerikaner gerade einen Krieg vom Zaun brechen, nicht einmal, und noch weniger sogar, scheinen die Fragen ein Thema zu sein, um die seit tausend Jahren die einschlägige Literatur mit gutem Grund zu kreisen pflegt: warum die Eltern ihre Jungen nicht richtig verstehen, ob die genug akzeptiert werden, ob ihre Sehnsucht nach Liebe und Anerkennung auf das notwendige Echo stößt. Solche Sorgen, wie sie den jungen Werther getrieben haben oder den Fänger im Roggen, werden heute weder öffentlich noch wie es scheint zu Hause ausführlich hin und her gewendet; und manchmal so gewaltsam unterdrückt, dass alle Sorgen, Selbstzweifel, aller daraus entstehende Hass eines Tages in einer grauenvollen Bluttat enden können, die man dann trotzdem nicht wirklich verstehen kann.

Es kann ja jeder sehen, mit eigenen Augen: Die größte Angst der Jungen ist heute schlicht die, dass sie nicht wissen, ob und wann sie einen Beruf finden können; fast die Hälfte der jungen Leute äußert sich so, wenn man sie nach ihren Sorgen fragt, ohne ihnen irgendeine Antwort dabei vorzugeben. Was sich wirklich dramatisch geändert zu haben scheint, das ist der Schwund jenes gewissen Urvertrauens in die Zukunft. Und der Mangel an Leuten, an denen man dieses Vertrauen festzurren könnte.

Was wir zu konstatieren haben, ist die fast völlig geschwundene Hoffnung einer ganzen Generation, die Politik – Regierung, Parlament, Parteien – könnte für sie irgendwann noch einmal von Nutzen sein. »Für uns tun die doch gar nichts«, heißt es mit schöner Regelmäßigkeit in den Umfragen, ein cantus firmus, dessen einzelne Strophen aus den ewiggleichen Versen bestehen: Dass »die Wirtschaft regiert und nicht die Politiker«, singen seine Sänger, »dass alle Politiker bestechlich sind« und im Zweifel sowieso nur an die eigenen Karrieren, Diäten, Sonderflüge denken.

Wird irgendetwas besser, wenn man an dieser Stelle mit dem gebotenen erzieherischen Ernst darauf hinweist, dass eine solche Sicht der Dinge doch allzu handgeschnitzt ist? Man wird sie dadurch nicht aus der Welt bringen – nicht einmal die bestgemeinte rhetorische Bemühung eines gewesenen Bundespräsidenten macht den Schaden wieder gut, den die Möllemänner und Westerwelles der Republik mit ein paar wenigen Fernsehauftritten bei Frau Christiansen anrichten können.

Tristesse also, Mutlosigkeit allerorten? Ach wo, so hat die Welt noch selten funktioniert. Es greift an dieser Stelle das bekannte Generationen-Paradox, das der beobachtende Erwachsene immer wieder mit einer gewissen Fassungslosigkeit zur Kenntnis nimmt, mit einem freudigen notabene! Zum Gesamtbild gehört nämlich auch, dass viele junge Leute, die ja in einem Wohlstand aufgewachsen sind, den wir in unserer Kindheit bestenfalls aus uns zum Ansporn zugeteilten Romanen kannten, inzwischen erstaunlich gut mit der Tatsache zurechtkommen, dass die besten Zeiten schon wieder vorbei sind; dass sie eben nicht die Arztpraxis ihres Vaters erben können, schon weil sie den Numerus clausus, den sie dafür bräuchten, nicht erreichen, und dass ihnen ein paar gute Abiturnoten in Deutsch und Englisch noch lange nicht garantieren, dass sie irgendwann als Studiendirektoren in einem staatlichen Gymnasium werden ausgesorgt haben.

Viele junge Leute wissen längst, dass die herrlichen neuen Zeiten, die ihnen Heiner Geißler versprochen hat, ihnen zwar nie da gewesene Chancen bieten werden, dass es aber auch großer Anstrengungen, großer Flexibilität bedürfen wird, sie eines Tages auch nutzen zu können. Und sie sind ja schon dabei: Es gibt junge Mädchen, die im zarten Alter von 16 Jahren, in dem unsereiner sich schon als Held fühlte, wenn er allein mit dem alten Damenfahrrad seiner Mutter von Altötting an den Chiemsee radelte, inzwischen für ein Jahr in eine Familie nach Amerika gehen, wo sie dann – wenn sie Pech haben – von einem aufdringlichen Ersatzvater von Grund auf neu erzogen werden sollen. Und es gibt junge Männer, die in der Schule keineswegs Überflieger waren und die von einem Tag auf den anderen beschließen, neben dem deutschen auch noch das französische Abitur zu machen. Wenn sie dann zum Wochenbeginn ihr Programm für die nächsten acht Tage zusammenstellen, ist trotzdem am Donnerstag eine

Stunde Judo eingetragen und natürlich die Geburtstagsfeier beim Sebastian, zu der nicht eingeladen zu werden eine schwere psychische Kränkung bedeuten würde.

Es muss eben vieles zusammenkommen, damit ein Leben irgendwann in die Bahnen kommt – und alle Beteiligten müssen da noch viel lernen. Da fällt mir gleich noch mal die Geschichte vom letzten Jahreswechsel ein: Wir, die pflichtvergessenen Eltern, ich habe es wohl schon erwähnt, waren über Silvester nach Kuba geflogen, die zu Hause gebliebene nächste Generation war darüber sehr zufrieden, hatte sie nun zur Party doch ein ganzes Haus für sich. Andere waren weniger zufrieden: Wie es aussieht, haben unsere Germanistikstudenten, nachdem sie nachmittags ihren Wilhelm Raabe zur Seite gelegt hatten, des Nachts mit ein paar Raketen und Knallfröschen die bösen Geister auszutreiben versucht, was anscheinend nicht ganz ohne eine gewisse Lärmentwicklung vonstatten ging, aber ansonsten ohne gravierende Schäden.

Am nächsten Morgen blickten die Kinder freudig in ihre Zukunft, aber ziemlich bald auch in das wütende Gesicht des Nachbarn von gegenüber, der übrigens meist ein reizender Mann ist und selbst zwei vielversprechenden jungen Menschen auf dem Weg ins Leben geholfen hat. Leider war er an diesem Neujahrstag etwas weniger reizend: Jedenfalls hat er sich bei der Großmutter der Kinder erkundigt, warum bei den Riehls, wenn die einmal nicht da seien, vor allem Asoziale verkehrten.

Über diese Frage haben wir, zurück aus der Exotik, noch eine Weile nachgedacht. Wir haben sie dann aber nicht weiter im Gespräch mit dem Nachbarn vertiefen wollen. So schwer wie der Sprung über den Generationengraben ist ja nicht selten der über die drei Meter Straßenbreite zum Nachbarn gegenüber.

Eine revolutionäre Situation

Es war mal wieder ein trüber Herbst, wie so oft in Mitteleuropa. Der Staat hatte gewaltige Schulden, die Leute mussten immer höhere Steuern zahlen, dann kam auch noch ein Winter mit klirrender Kälte, und die Leute wussten nicht mehr so recht, wie sie sich und ihre Familien wärmen sollten. Nein, am Ölpreis lag es nicht, aber auch so wurden die Bürger immer wütender, vor allem die Jüngeren wurden es, die spielten dann auch eine wichtige Rolle, als sich die Dinge zuspitzten: »Mein Alter ist 35«, sagte in der entscheidenden Protestsitzung ein pockennarbiger, feuriger Kerl, »mein Name befindet sich im Pantheon der Weltgeschichte, und meine Wohnung wird bald das Nichts sein.« Wenn es an der Haustür des Pantheon ein Klingelschild gegeben hätte, dann hätte man dort den Namen Danton lesen können.

Fünf kurze Jahre hat die Französische Revolution gedauert – länger dauern die großen Umstürze selten, bevor sie dann entweder für einige Zeit in den blanken Terror abgleiten oder dann irgendwann mit einem leisen Zischen in sich zusammensinken. Bis dahin aber haben die Jakobiner in Frankreich, die Jung-Bolschewisten in Russland, die blutjungen Kulturrevolutionäre in China oder Pol Pots wahnsinnige Schlächterstudenten den Boden ihrer Heimat mit dem Blut jener Generation getränkt, mit der abzurechnen sie sich geschworen hatten:

Generationenkonflikte, was sonst.

Nun ja, da bin ich jetzt aber weit von unserem Thema abgekommen. Oder vielleicht doch nicht so weit? Ist es denn nicht wahr, dass alle Revolutionen, die den Namen verdienen – die edlen und die miesen, die notwendigen und die absurden, die fruchtbaren wie die furchtbaren –, immer auch mit dem Kampf der Jungen gegen die Alten zu tun hatten? Wer das bedenkt, kann schon verstehen, warum die Generationen einander belauern und warum der Konflikt zwischen den Generationen bei manchen Älteren einen so schlechten Ruf genießt.

Habe ich eigentlich schon erwähnt, dass ich persönlich nicht so sehr viel Talent zum Revolutionär oder auch nur zum Konfliktstrategen in meinen Adern spüre? Ich war immer und bin wohl noch heute zu sehr auf Harmonie angelegt, liebe es, gemocht zu werden – das macht den Menschen gerne mal bequem, wo er eigentlich streitbar sein müsste. Übermäßig oft ist es mir jedenfalls in meinem Leben bisher nicht gelungen, die Etablierten in Angst und Schrecken zu versetzen oder sie auch nur nachhaltig zu verstören mit überraschendem Mannesmut vor den Thronen der Mächtigen. Allerdings, in manchen Situationen, bei denen es darauf ankam, konnte ich mich wenigstens auf einen soliden Jähzorn verlassen, der mir schon als Kind und als Pubertierender immer wieder mal geholfen hat, rot zu sehen, wenn das objektiv geboten war: Wenn bei einem festlichen Abendessen ein höherer Staatsbeamter zum Beispiel die These vertrat, die deutschen Juristen hätten schon deshalb im Dritten Reich keine Schuld auf sich geladen, weil sie ja gewusst hätten, dass die Gesetze des Staates sie ans Recht binden würden, dann ist es schon mal vorgekommen, dass ich den leitenden Ministerialrat über die Suppe hinweg angebrüllt oder unter wütendem Kopfschütteln meine Serviette auf den Boden geworfen habe.

Anschließend habe ich sie natürlich, mit ein wenig verlegenem Gemurmel wieder aufgehoben und habe mich bei der blass gewordenen Hausfrau für mein schlechtes Benehmen entschuldigt. (Bin aber trotzdem später in dieses oder jenes gastfreundliche Haus nicht mehr eingeladen worden.) Einmal habe ich es sogar noch ein wenig weiter getrieben: Das war, als ich im schönen Klagenfurt bei einem Journalisten-Wettbewerb mitgemacht habe, aber der Jury nicht – wie vorgeschrieben – den mitgebrachten und längst in meiner Zeitung gedruckten Text vorgelesen habe, sondern stattdessen einen kurzerhand neu geschriebenen über diesen eben stattfindenden merkwürdigen Kontest. Es war ein Triumph für mich, als ein altgedienter Wiener Chefredakteur von seinem Jurystuhl hochsprang und mit fast brechender Stimme bekannt gab, radikale Kerle wie ich seien ihm schon lange sattsam bekannt, wohin das führe, könne man gerade wieder in Deutschland studieren; ich glaube, er meinte: in die RAF. Ich wurde dann aber damals doch nicht ins Gefängnis geworfen, sondern nur aus dem Wettbewerb.

Heldentaten? Nicht wirklich. Vielleicht braucht die Welt ja auch gar nicht so viel Generationenstreit. Es kann freilich auch sein, dass sie ohne ihn überhaupt nicht so recht vorankommt. Vielleicht ist Deutschland gegen Beginn des 3. Jahrtausends ja gerade deshalb so leblos. Vielleicht bringe ich aus diesem Grund das Gefühl nicht los, als hätten es in der Geschichte dieser Republik die Alten schon lange nicht mehr so einfach gehabt wie gerade jetzt. Man ist ja auf dem Laufenden: Die aufwühlendsten Konflikte der Jahre um 2003 fanden sowieso in aller Öffentlichkeit statt und führten vor laufender Fernsehkamera zu allerlei Nervenzusammenbrüchen, zum Beispiel wenn Deutschland bei *RTL* den Superstar suchte, aber am Ende vor allem eine Reihe von Nervenbündeln kennen lernte: Lauter Leute, die sich nicht gewehrt hatten, wenn sie mit fadenscheinigen Argumenten aus dem Wettbewerb gekegelt worden waren und wenn einem der Kandidaten vor aller Öffentlichkeit und mit Unterstützung von *Bild* vorgeworfen wurde, er hätte einer Mitspielerin nach einer Liebesnacht einen wertvollen Ring gestohlen. Geheult und gezittert wurde nach solchen Auftritten viel, aber es kam eher selten vor, dass einer der Kandidaten sich aufraffte und lauthals dagegen protestierte, was die Fernsehmaschine da mit ihm angestellt hatte. Da hätte man sich ja um die Chance für einen Plattenvertrag bringen können. Und etwas Wichtigeres stand ganz einfach nicht auf dem Spiel.

Brauchen die Jungen also eine Rundum-Gegenwehr gegen all die Zumutungen, welche die Alten ihnen aus allen Richtungen antun? Mitmachverweigerung? Rückzug ins Innerliche? Bestrafung der Alten durch gezielte Nichtachtung? Es würde sie nicht richtig voranbringen.

Man kann sowieso weder als Einzelkämpfer noch als Gruppe sinnvollerweise mit einer ganzen Generation in den Clinch geraten, das geht immer nur mit ausgewählten Einzelpersönlichkeiten oder gezielten Zusammenschlüssen. So habe ich es, wenn ich es mir genau überlege, eigentlich über weite Teile meines Lebens gemacht – und das war meist gut für meinen Seelenhaushalt: Dem hat es jedenfalls geholfen, wenn ich mich in der 5. Klasse des Gymnasiums mit dem Deutschlehrer angelegt habe, der noch 1953 die Franzosen aus dem Saarland herausprügeln wollte. Und gut für mich war auch, als ich – mich gleichzeitig vor ihnen fürchtend – über die Ordenspatres vorsichtig habe zu spotten beginnen können, die so großen Wert auf meine ewige Verdammnis zu legen schienen für den Fall, dass ich nur noch einmal einen unkeuschen Gedanken hinter ihrem Rücken im Herzen bewegen würde. Ja, das waren heftigste Konflikte: Durfte ich wirklich schon mit 16 Jahren ein unschuldiges weibliches Marienkind aus der Gruppe Maria Goretti heimlich zu küssen versuchen? Durfte ich natürlich nicht, wie sich gleich zeigen sollte: Schon der erste Kuss, den ich einem Mädchen applizierte, das wegen seiner Gesichtsform »Mond« gerufen wurde, brachte mir einen heftigen Herpes ein. Ich hätte es ahnen müssen, die Kapuzinerpatres hatten mich gewarnt – und es hat noch Jahrzehnte gedauert, bis ich grade aus deren Reihen ein paar Mönche kennen lernte, mit denen ich mich überhaupt nicht streiten, aber stattdessen freundschaftlich unterhalten konnte. (Schade – ein paar Feindbilder braucht man schon als Generationenkonflikt-Stratege.)

80

Die Generation, gegen die der junge bis mitteljunge Riehl kämpfte, bestand also aus: meiner armen Mutter, die ausbaden musste, dass sie mich unter größten Opfern ins Gymnasium schickte, in dem die Flausen mit der Schulspeisung verteilt wurden; bestand auch aus meinen älteren Geschwistern, die bei gelegentlicher Durchsicht meiner Hefte den Eindruck gewannen, gerade meine Generation sei so schlampig und faul, dass ihnen gar nichts übrig bleibe, als meine Erziehung zu nützlichen Mitgliedern der Gesellschaft selbst in die Hand zu nehmen. Freilich hätten sie, wenn sie das ernst gemeint hätten, mich fern halten sollen von den *Lausbubengeschichten* des Ludwig Thoma, dessen Frechheit im Umgang mit den Würdenträgern noch ein Jahrhundert nach seiner Schulzeit durch die Gänge und Fluren unseres ehrwürdigen Gymnasiums waberte: Das Loch, das entstand, als der kleine Thoma durch die Fenster der Burghausener Studienkirche dem gipsernen heiligen Aloysius eine Nasenspitze mit einer Steinschleuder wegschoss, war noch 50 Jahre später zu besichtigen; es hat vielleicht mehr für die Entwicklung meines Widerspruchsgeistes geleistet als später mehrere Kapitel Marx, die ich ohnehin nie richtig zu Ende las.

Davon abgesehen braucht ein guter Generationenkonflikt ein paar prima Respektspersonen: Mein Turnlehrer Kr. war so einer, der mich zweimal in der Woche vergeblich die Kletterstangen hinaufscheuchen wollte – da entwickelte sich Widerstandsgeist aus schlaffen Oberarmmuskeln. Auch gut der Geschichtslehrer Kü., bei dem ich anfangs dachte, ich müsste mich gegen ihn auflehnen, wenn er uns Friedrich Wilhelm Webers deutschnationales Versepos *Dreizehnlinden* näher bringen wollte, was ihm ebenfalls nicht gelang. Freilich dauerte es nicht lange, bis derselbe dicke Lehrer über Nacht einer der Heroen meines Widerstandsgeistes geworden war: Das war, als er ein paarmal versuchte, durch abruptes Aufreißen der Klassentür nach außen den Oberstudiendirektor, der vielleicht draußen den Unterricht belauschte, auf die Nase zu treffen. Kü., den sie ewig nicht befördern wollten, hatte es weiß Gott schwer genug als Lehrer, der seine Konflikte nach oben und nach unten ausfechten musste. Heute glaube ich manchmal, er gehört zu den Heroen meiner Adoleszenz.

Davon abgesehen war ich ein Generationenkrieger ohne Waffen, ohne feste Kriegsziele – außer einer vagen Hoffnung natürlich, dass wir irgendwann einmal die Alten ablösen und auf dem Müllhaufen der Geschichte ein paar warm leuchtende Kerzlein für sie zur Erinnerung würden anzünden können. Das ist dann auch passiert, nur haben wir nicht so recht mitbekommen, dass zur gleichen Zeit bereits die nächste Generation dabei war, sich nach Kerzengeld umzusehen. So kann es gehen.

Ausgewählte Texte aus dem letzten Lebensjahr

Hochamt der Ablenkung

Sehr gut lässt sich der rasante Wandel der Zeiten auch anhand von Olympischen Spielen belegen. Stellen wir uns einen Journalisten vor, der in Lake Placid dabei war, bei den vorletzten in Amerika ausgetragenen Winterspielen, und dort seine Eindrücke zusammengefasst hat unter der Überschrift: *Das Unerträgliche an den Spielen.* Und 22 Jahre später? Da fand derselbe Beobachter, diesmal aus großer Entfernung, die Veranstaltung nicht nur erträglich – sie gefiel ihm sogar. Und er kann es sich auch erklären.

Das Schlimmste an Lake Placid war die Verlogenheit in den Zeiten des Übergangs: Eben noch hatten die Ober-Olympier mit letzter Kraft den Amateur-Gedanken verteidigt, aber nun war alles ins Rutschen gekommen, außer der Rhetorik der Funktionäre. Die handelte noch immer von der reinen Freude am Sport, von Völkerverständigung und der Fairness als oberstem Gebot. In Wahrheit wurde auch damals gedopt, was das Zeug hielt, nur dass man kaum offen darüber redete, weil man damit zum Beispiel die nach Medaillen süchtige DDR beleidigt hätte, eine der großen Stützen des Olympismus. Die brauchte ihre Siege, schließlich befand man sich mitten im Kalten Krieg, in dem der Eishockey-Triumph der Amerikaner gegen die Sowjetunion fast den Einmarsch der Nato ins Reich des Bösen zu ersetzen hatte. Zelebriert wurde ein Festival der Heuchelei, das auch noch schlecht organisiert war. Im Grund klappte nur die Preistreiberei der lokalen Geschäftsleute, deren ganzer Ehrgeiz es war, noch aus der letzten Käsesemmel olympischen Profit herauszupressen.

Und jetzt ist also alles anders? Ist der Sport über Nacht sauber geworden, haben die Staaten der Welt verstanden, dass drei Hundertstel-Sekunden Vorsprung beim Doppelsitzer-Rodeln wenig aussagen über die Größe einer Nation? Nicht wirklich: Gäbe es einen Restbestand an Vernunft, würde nicht ernsthaft im russischen Parlament über die Benachteiligung russischer Sportler aus »eindeutig politischen« Gründen debattiert. Möglicherweise würde man sogar in der deutschen Politik darüber nachdenken, ob es noch zeitgemäß ist, mit sehr viel Steuergeld den Spitzensport zu alimentieren, damit die deutschen Bobs noch hightechmäßiger aufgerüstet zu Tale rasen und noch mehr hoch bezahlte Techniker dafür sorgen können, dass unsere Langläufer ihre Bretter gar nicht mehr anschieben müssen, wenn sie ihre Rivalen überholen wollen. Mehr als 70 Millionen Euro werden 2002 vom Staate Deutschland ausgegeben für alle Unterabteilungen des Großunternehmens Medaillen-Schmiede, nur damit *Bild* mit einer vorsorglich ersonnenen »gerechten Medaillenwertung« die Deutschen zu den Besten der Welt ernennen kann. Wenn jetzt so viel gespart werden muss im Bundeshaushalt – hier gäbe es interessante Ansätze.

Es hat sich also nichts geändert im Vergleich zu 1980? Das hat es doch, und nicht nur, weil die Busse zu den Sportstätten nun pünktlich fuhren. Nein, der Unterschied zu früher war, dass die Widersprüche diesmal offen zu

Tage traten, weshalb es uns – weil ja nur so deutsche Mädels auch mal eine Staffel gewinnen konnten – wenig störte, als eine Rivalin wegen Dopingverdachts ausgeschlossen wurde. Jeder weiß ja, dass weiterhin gedopt wird und nur Pech hat, wer sich erwischen lässt, wie Johann Mühlegg, zum Beispiel. Und jeder weiß, dass Olympia mit den alten Idealen nichts mehr zu tun hat, dass stattdessen irgendetwas zwischen Sportartikelmesse, Volksfest und Saisonhöhepunkt der Unterhaltungsindustrie daraus geworden ist. Gerade weil uns nichts mehr vorgemacht wird, freuen wir uns über die sinnfreien Curling-Schlachten und interessieren uns fast im Ernst dafür, wie viele Freudentränen eine bayerische Eisschnellläuferin vor, bei und nach der Siegerehrung vergießt.

Was da vierzehn Tage lang zu besichtigen war, das war – zumindest für uns Besichtiger – in erster, zweiter und dritter Linie ein Hochamt der Ablenkung. Dass es so gut und so Geld vermehrend funktionierte, liegt daran, dass nach Ablenkung zurzeit gewaltige Nachfrage besteht. Und hängt außerdem damit zusammen, dass die Show einfach perfekt geworden ist. Wenige von uns hätten sich ja vorstellen können, dass sie einmal mit fliegendem Puls vor dem Fernseher sitzen würden, nur weil ein paar Leute durch die Landschaft laufen und dazwischen auf Scheiben zielen. Oder wie viel Spaß es macht, jungen Männern zuzuschauen, wie sie mit dreieinhalbfachem Salto auf Skiern durch die Luft fliegen. Am meisten Spaß macht es, wenn *einer von uns* beim Ski-Sprint seine Zehen vor denen des Italieners über die Ziellinie schiebt. So gesehen ist das Steuergeld für »unsere« Siege nur die moderne Variante jener altehrwürdigen Politik, die das Volk mit Brot und Spielen bei Laune hält.

Dummerweise wird der Preis immer höher. Mindestens in den USA kann der friedliche Wettstreit der Jugend der Welt nur noch in Anwesenheit von massenhaft Militär stattfinden, beschützt von Abfangjägern, die Tag und Nacht am Himmel patrouillieren, der doch den olympischen Friedenstauben gehören müsste. Völkerverständigung, Weltfrieden? Die sind leider nicht herzustellen mit vierzehn Tagen multikulturellen Treibens im Olympischen Dorf. Auch dass niemand mehr solche Illusionen verbreitet, machte diese Spiele so angenehm.

Montag, 25. Februar 2002

Das Streiflicht

Ach, es ist nicht wieder zu erkennen, unser schönes Land. Eben noch flossen Milch und Honig so üppig, dass sich mancher Fischer aus Köln und Umgebung klebrige Finger holte. Und heute: Magermilch und Kunsthonig, wohin man schaut. Sparzwang wird gewiss das Unwort des laufenden Jahres: In Berlin werden sie so lange sparen, bis sich der teure Senat selber abschafft und der Finanzsenator als Letzter die Spar-Glühlampe ausknipst. Zu schweigen von all den anderen: Der Verlag Random House spart seine Ratgeber-Bücher ein (zum Beispiel *Sparen leicht gemacht*), Leo Kirch spart sich das Zurückzahlen seiner Milliardenkredite, und weil der Mann demnächst vielleicht auch für die Fußball-Bundesliga-Rechte nicht mehr wird löhnen können, werden die Torjäger natürlich an Torschüssen sparen müssen: *Ohne Moos nix schnell laufen Brasilero.* Oder wie Shakespeare es formuliert in seinem Macbeth: »'s ist Sparsamkeit im Himmel, aus taten sie die Kerzen.«

War freilich ein Fehler, weil niemand an die himmlischen Wachszieher gedacht hat, die schließlich auch von was leben müssen. Deshalb sind wir ja auch so froh, dass es bei uns doch noch ein paar Institutionen gibt, bei denen nicht alles in Grund und Boden gespart wird. Jetzt, wo beispielsweise das *ZDF* endlich einen Intendanten hat, dürfen wir mit Genugtuung feststellen, dass jede Mark gut angelegt war, die im Vorfeld seiner Wahl ausgegeben wurde. Missgünstige und Unverständige haben ja vorgerechnet, dass die vielen Konferenzen von Freundeskreisen und Unterausschüssen und Findungskommissionen, die Anreisen zu Probeabstimmungen und Sondierungsgesprächen übers Jahr an die 400 000 Mark gekostet haben sollen. Na und, sagen wir da: Gut angelegt! Erstens ist der *ZDF*-Intendant nun mal die wichtigste Persönlichkeit im Land, weil ohne jemanden, der sagt, wo es langgeht, die Redakteure im Sportstudio statt auf die Torwand vielleicht auf den engelshaarigen Moderator würden schießen lassen. Und zweitens hat man in dem bisherigen Programmdirektor jetzt einen Chef gefunden, den der Fernsehrat schon vor einem Jahr hätte ernennen können, was aber nichts hergemacht hätte. Hätte die Wahl nicht so viel gekostet, wüsste man jetzt gar nicht, wie gut der Mann ist.

Im Übrigen muss man auch immer an die Not leidenden Hoteliers, an die Flug- und Eisenbahngesellschaften denken: Wie erginge es denen, tagten nicht ununterbrochen Freundeskreise, Parteitage und Staatsmanns-Konferenzen? Man braucht sich nur anzuschauen, wie viel Umsatz das jüngste EU-Gipfeltreffen in Barcelona alleine dem Glas verarbeitenden Gewerbe gebracht hat. Wäre das nicht so gewesen, hätten bestimmt wieder welche gesagt, man hätte sich auch diese Konferenz getrost sparen können.

Montag, 18. März 2002

Jetzt tanzen alle Puppen…

**Friedmans Frisur, Effes Frau, Janckers Maße:
Können wir noch zwischen den letzten und
hinterletzten Dingen unterscheiden?**

Es war ein schöner Maientag des Jahres 2002, als die zerrissene Welt überraschend zusammengebunden wurde, mit Hilfe einer einzigen Ausgabe der *Bild*-Zeitung. Auf Seite 12 hatte sich das Blatt der Turbulenzen im Liebesleben des Fußballspielers Effenberg angenommen, sehr gründlich, mit vier Farbfotos, auf denen man sehen konnte, wie E's neue Geliebte ihr eheliches Haus verließ. Alles, was niemanden anging, war in der Reportage festgehalten, und es wäre ziemlich widerlich gewesen, wenn nicht auf der Seite 10 ein so genannter *Bild*-Essay gestanden hätte, der alles wieder zurechtgerückt hätte. »Sehnsucht nach Moral und Anstand« hatte der Essayist seine Betrachtungen überschrieben, in denen er aufs Heftigste geißelte, wie heutzutage manche Menschen ihr Innerstes nach außen trügen, in die Medien nämlich, weil – wie der Autor bitter bemerkte – Menschen, die nicht in den Medien vorkämen, das Gefühl hätten, sie fänden gar nicht statt. Da hatte also jeder Leser, was er brauchte: die Oberflächlichkeit, den Tiefsinn – und den Todesmut zur Heuchelei, die alles zusammenklebte.

1. Zwei Sorten Menschen

Das weiß man ja, dass die Menschheit in zwei Abteilungen aufgeteilt ist: Hier die Oberflächlichen, die immer zahlreicher werden und sich von leicht verdaulichem Klatsch ernähren sowie von den Produkten der Unterhaltungs- und Verschönerungsindustrie; dort die wenigen wertvollen Menschen mit der tiefen Seele, deren Tag misslungen ist, wenn sie nicht ein Kapitel Hegel gelesen haben.

Klingt schön, stimmt nur nicht – die Wahrheit beginnt schon damit, dass es wohlfeil ist, sich über Boulevardzeitungen und ihre Themen zu erheben; wer ehrlich ist mit sich selbst, weiß nur zu gut, dass der kleine Voyeur, den er in sich selbst beherbergt, schnell ärgerlich würde, erhielte er nicht seine Nachrichten über die angekokelte Epidermis einer Norweger-Prinzessin oder über die erotischen Geständnisse des Manfred Krug. Besonders Journalisten seriöserer Blätter sollten in diesem Zusammenhang nicht überheblich sein, schließlich haben sie mit einer ständig ansteigenden Nachfrage auch ihrer eigenen Leserschaft nach solchen Themen zu rechnen und täten sich schwer, ihre Streiflichter und Wochenendausgaben zu füllen ohne den Stoff, den sie der *Bunten* verdanken oder *Gala* oder eben *Bild*.

Selbstverständlich füllt unsereiner diesen Stoff dann ironisch bis sarkastisch in gesellschaftlich anspruchsvolle Wursthäute, aber das tun wir in der Regel ebenso entsetzt wie fasziniert. Anders geht es gar nicht: Natürlich graust es jemanden wie Harald Schmidt, wenn ein *ARD*-Nachrichtensprecher die Tatsache bekannt gibt, seine Kurzzeit-Geliebte M. sei »im Bett eine Granate«. Gleichzeitig ist er begeistert über solche Nachrichten, von denen er tagelang leben kann. Mit einer witzigen Aufarbeitung des Tariftreue-Gesetzes täte er sich erheblich schwerer.

2. Uschi Glas oder die Bibel

Ernsthaft bestreiten kann man die Entwicklung trotzdem nicht, sie wird nicht grundlos in Fastenpredigten, guten Gesprächen am Mittagstisch, gerne auch in Leserbriefen beklagt: Es wird ja wirklich täglich absurder, womit wir uns immer ausführlicher beschäftigen: Der untreue Gatte der Uschi Glas, der gezerrte Oberschenkel des Kickers Zidane, die alles entscheidende Frage, ob man als Dame von Welt noch Kleider von Donna Karan tragen kann – das alles hält uns häufiger in Atem, als wir es zugeben möchten. Wo wir doch die vergeudete Zeit dazu nutzen könnten, hart zu arbeiten, und in den verbleibenden Stunden ein gutes Buch zu lesen, statt bei Günther Jauch herumzuraten, ob *Das Glasperlenspiel* von Goethe ist oder von Hesse.

Es wäre zum Beispiel sehr nützlich, den Hesse zu lesen, statt ihn zu erraten, und dabei vielleicht im *Glasperlenspiel* auf die Stelle zu stoßen, in der sich der Dichter mit der zunehmenden Oberflächlichkeit der Menschen auseinander setzt und sich in einer Zeit leben sieht, die »statt Sammlung die Zerstreuung, statt Ehrfurcht und Bewunderung für Größe eine sich verselbstständigende Ironie« hervorbringt, »statt Demut nur noch frivole Arroganz«. Ob es ein Trost ist, dass Hesse das schon 1942 geschrieben hat? Und was, wenn es noch schlimmer geworden wäre?

3. Langweiliger Tiefsinn

Hesse war schon Mitte 60, als er zu diesem kulturkritischen Rundumschlag ausholte – und sicherlich war er zu streng. Erstens ist gegen maßvolle Beschäftigung mit der Oberfläche nichts zu sagen, wie jeder weiß, der aus Frisur oder Kostümierung oft mehr über einen Menschen erfährt, als wenn er von ihm einen halbstündigen Vortrag hört; zweitens ist die Welt so kompliziert geworden, dass es schlicht eine Wohltat ist, gelegentlich nur über die Badefreuden eines Verteidigungsministers reden (und schreiben) zu dürfen, statt über die Frage, wie viel Transportflugzeuge er laut Verfassung hätte bestellen dürfen.

Drittens und letztens sind wir nicht ausschließlich geschaffen für die Tiefe, für den Ernst des Lebens und der Bücher; vielleicht gehören gerade die Nachdenklichen unter uns an manchen Tagen zu denjenigen, die das Neue Testament auf dem Hotel-Nachtkästchen liegen lassen und stattdessen, rein zufällig, im Erotik-Programm des Hotelfernsehens hängen bleiben. Nicht nur sind wir allesamt sündhafte, triebhafte Wesen; wir sind nicht einmal in der Lage, den ganzen Tag über tiefsinnig zu sein. Wer das versuchte, liefe Gefahr, auch trübsinnig zu werden, oder – schlimmer noch – er machte seine Umgebung trübsinnig, weil er nicht genug in der Birne hätte, um originell über die Lösung der Welträtsel zu grübeln und anschließend vernünftige Ergebnisse mitzuteilen. Der Tiefgründler, der vor allem im dichtend-denkenden Deutschland schon immer einen sehr guten Ruf genießt, ist leider nur zu oft verquast. Und das ist viel schlimmer als oberflächlich.

4. Auf der Schuhsohle: 18

Vielleicht ist das ja gar nicht das richtige Gegensatzpaar – Oberfläche oder Tiefsinn: schon deshalb nicht, weil man sehr viel dummes Zeug über den Sinn des Lebens von sich geben kann und viel Erhellendes über die Schwierigkeiten der Liebe am Beispiel des neu sich orientierenden Effenberg. Nicht einmal die gern unternommene Abrechnung mit der so genannten Spaßgesellschaft bringt uns wesentlich weiter, weil auch sie oft auf den falschen Gegner zielt. Untersuchen wir diese These am Beispiel der Politik: Nichts ist ja einzuwenden gegen einfallsreiche Wahlkämpfe, gegen witzige Politiker, solche gar, die mit genügend Selbstironie ausgestattet sind, um gelegentlich zuzugeben, wie bescheuert in vieler Hinsicht der Politikbetrieb ist, an dem sie sich trotzdem beteiligen müssen. Was freilich dringend zu erwarten wäre von Ministern und Oppositionsführern: Dass sie unterscheiden können zwischen Verpackung und Inhalt, dass sie eine Aussage nicht schon deshalb für wesentlich halten, weil sie die Zahl 18 nicht auf die Oberfläche ihrer Schuhe kleben, sondern auf die Sohle. Der Schuhsohlenbekleber Westerwelle wirkte hilflos in den letzten Wochen, weil plötzlich auffiel, dass er nur ein paar Floskeln zur Hand hat, wenn es ans Eingemachte geht und er erklären muss, warum sich sein Liberalismus und der noch prinzipienlosere Möllemanismus nicht vertragen sollen.

Dabei wäre die Balance so schwierig nicht. Was wir bräuchten, wären Politiker, die sich nicht wichtiger nehmen, als sie sind, die aber – wenn es darauf ankommt– ihren Beruf so ernst betreiben, wie er es verdient. Wenn also der zuständige Bundestagsausschuss darüber berät, wie er mich davor schützen kann, mit meinem Frühstücks-Bio-Ei den Tod in mich hineinzulöffeln, dann verlange ich, dass er mit allem ihm zur Verfügung stehenden Tiefgang bei einer Sache ist, die viel zu kompliziert ist, als dass man sie mit ein paar lockeren Sprüchen für den Wahlkampf missbrauchen könnte.

5. Das Prioritäten-Gefälle

Das ist vermutlich schon das eigentliche Problem: Dass wir verlernt haben, die Prioritäten zu sehen; dass wir das Wissen darüber verlieren, was wirklich wichtig ist und was nur eine Nebensache, möglicherweise eine schöne. Weil also gerade wieder einmal vom Fußball die Rede ist: Niemand braucht ein schlechtes Gewissen zu haben, wenn er sich tagelang an tanzenden Senegalesen berauscht oder abreisende Franzosen betrauert: So erfreulich sind die Hauptsachen der Welt nicht, dass es nicht nötig wäre, sich immer wieder durch die Nebensachen von ihnen ablenken zu lassen. Es müsste uns nur eben die Unterscheidung gelingen, auf jedem Feld. In diesem Fall würden sich die deutschen Stammtische nicht stundenlang über die Brillantine in den Haaren des Michel Friedman und ihren Beitrag zum Wiederaufkeimen des Antisemitismus ereifern, sondern darüber nachdenken, was es bedeutet, wenn waschkorbweise Aufnahmeanträge gestellt werden in eine FDP, die man als deutscher Nachwuchs-Nazi vielleicht endlich wählen kann.

Dieses Nachdenken ist aber nicht übermäßig gefragt, sonst hätte kürzlich nicht jeder dritte Studierende bei einer Umfrage Essener Erziehungswissenschaftler darauf bestanden, es müsse endlich Schluss sein mit dem Thema Holocaust. Es werden das etwa dieselben Studenten gewesen sein, die bei der nämlichen Umfrage zu 31 Prozent nicht sagen konnten, in welchem Jahr der Zweite Weltkrieg begonnen hat. Ist auch nicht so wichtig, es werden genug neue Kriege beginnen.

Zerstreuung statt Sammlung beklagt Hesse – er muss auch jene deutschsprachigen Hörfunksender vorausgesehen haben, die einem mit ihrer guten Laune so sehr auf die Nerven gehen. Es gibt da ja, bei einigen dieser Sender, einen Zwang zum lustigen Ton, der vermutlich in den Arbeitsverträgen der Mitarbeiter definiert wird. Leider wird dieser Ton zu einem großen Problem, wenn die Welt einmal nicht so komisch sein will, wie es die Programmdirektoren von *B3* oder gar *Radio Energy* vorgesehen haben. Nichts ist dann peinlicher, als wenn in das Gekichere der Moderatoren plötzlich eine Katastrophe einbricht, an der man nicht vorbeigehen kann, weil es schließlich die eigene jugendliche Klientel ist, die da, beispielsweise, soeben in der Gletscherbahn hinauf nach Kaprun verbrannt ist.

Zuständig für die Bewältigung dieser Realität werden dann schnell die schockweise eingeflogenen Psychologen und Pfarrer, die zwar auch nur wenig helfen können, aber wenigstens den dann wieder lustigen Radio-Moderatoren das Gefühl geben, es werde schon das Nötige unternommen. Für weitere Anstrengungen in Sachen Trauer ist in der Medien- und Warenwelt von heute keine Tonlage vorgesehen; sie wäre schädlich für Einschaltquoten und Verkaufserfolge. Der Markt verlangt das Verdrängen des Todes als wichtigste aller Fertigkeiten. Vorgeschrieben ist eine militante Oberflächlichkeit, der sich bald nur noch entziehen kann, wer zu den Trappisten ins Kloster geht.

Was aber ist daran schlimm? Tun wir uns Böses an, wenn wir nicht mehr unterscheiden können zwischen den letzten, den vorletzten und den hinterletzten Dingen? Nur dann tun wir das, wenn wir eine Seele zu haben glauben: eine Seele, der man nicht leicht einreden kann, sie werde für immer gesund sein, wenn der dazugehörige Mensch Karriere gemacht und Geld verdient hat und deshalb ununterbrochen gut drauf ist.

6. Schutzlos, nicht tröstbar

Hesse ist ein Spielverderber, wenn er – vor 60 Jahren – solche Leute beschreibt: »Sie lernten mit Ausdauer das Lenken von Automobilen, das Spielen schwieriger Kartenspiele und widmeten sich träumerisch dem Auflösen von Kreuzworträtseln – denn sie standen dem Tode, der Angst, dem Schmerz, dem Hunger beinahe schutzlos gegenüber, von den Kirchen nicht mehr tröstbar, vom Geist unberaten.«

Geht uns nichts an. Kreuzworträtsel sind was für Alte, die Jungen haben Computerspiele, die sich der Dichter nicht hat vorstellen können. Hätte er sie gekannt, hätte er an der Playstation gestanden, da unten im Tessin, und nicht am Glasperlenspiel gebastelt. Das müssen wir jetzt aber nicht weiter, äh … vertiefen. Ganz verrückt übrigens seien die Japanerinnen nach unserem Hünen Jancker, schreibt *Bild,* und dass sich die Damen fragten, ob bei dem *alles so groß* sei.

Man sieht schon, wenn es sein muss, gehen wir in die Tiefe.

Samstag/Sonntag, 15./16. Juni 2002

Das Streiflicht

Lasst uns also heute über die Starken reden, aus gegebenem Anlass. Woran erkennen wir sie überhaupt? An ihrer Einsamkeit natürlich. Vereint sind auch die Schwachen mächtig, sagt der Dichter. Und weiter: *Der Starke ist am mächtigsten allein,* wenigstens kurzfristig.

So wären wir also zwanglos bei Jürgen Möllemann angekommen, um den herum es in den Pfingsttagen plötzlich sehr einsam geworden ist. Das ist deshalb überraschend, weil unser Mann an sich ja eher ein geselliger Mensch ist: einer, der sich wohl fühlt unter den 18 Prozent der Bevölkerung, welche die Mitgliedschaft bei Schalke 04 für eine liberale Errungenschaft halten, auch sonst zu allem und jedem eine fundierte Meinung haben und den Juden schon lange einmal sagen wollten, dass sie selber schuld sind, wenn die Leute sie nicht leiden können. Noch vor einer Woche haben die Parteitagsdelegierten den M. wegen solcher Eigenschaften und Fertigkeiten bejubelt, anschließend hat er die FDP noch größer gemacht, indem er ihr einen TÜV-geprüften Antisemiten mit Namen Karsli als neues Mitglied zugeführt hat, mit breiter Zustimmung einer größeren Recklinghauser Öffentlichkeit. Und jetzt? Jetzt fallen reihenweise seine Parteifreunde von ihm ab, nur weil sie in den vom Weltjudentum beherrschten deutschen Zeitungen gelesen haben, dass es noch immer nicht extrem liberal ist, die Juden für alles Übel der Welt verantwortlich zu machen. Sogar Guido W., dem solche Details bisher weniger wichtig waren, hat jetzt – auf Druck der Weisen von Zion? – ein so genanntes Machtwort gesprochen. Möllemann aber, den einen Freund nennen zu dürfen, sich Westerwelle eben noch innig gewünscht hatte, Möllemann also ist nun allein, so allein. Haben wir schon darauf hingewiesen, dass der Starke in dieser Lage am mächtigsten ist?

Nun gut, mächtig vielleicht schon, aber auch unglücklich. Schließlich, nicht wahr, will der Starke was Großes aus sich machen, das macht ja gerade seine Stärke aus: dass er von Gott zum Vorsitzenden von irgendwas berufen ist oder zum Kanzlerkandidaten oder wenigstens zum Minister im künftigen Kabinett des Dr. Stoiber. So etwas kann man doch nicht aufgeben, nur weil man ein paarmal zu laut gedacht und sich schon als Münsteraner Haiderjörg gefühlt hat. Was also tun? Lasst uns zum Schluss dem Einsamen einen Rat geben: Noch in dieser Woche sollte (und wird vermutlich) Jürgen Möllemann bekannt geben, dass einige seiner besten Freunde Juden sind; außerdem habe er zu seiner Verblüffung erfahren müssen, dass die Familie des neuen Mitglieds Karsli, der immer gesagt habe, er sei ja selbst ein Semit, aus Syrien stamme, nicht aus Israel. Unter diesen Umständen werde man sich leider doch von ihm trennen müssen. Wenn Herr Karsli sich dann allein vorkommt – wir hätten da einen Trost für ihn.

Dienstag, 21. Mai 2002

101

Hochstaplers Reife

Das Pfingstfest ist vorbei, der Heilige Geist ist ausgeschüttet, gewiss auch über die bayerischen Schüler, die inzwischen ihr Abitur weitgehend hinter sich gebracht haben. Sie hatten ihn auch bitter nötig: Was mich angeht, so bietet mir auch die Reifeprüfung dieses Jahres wieder Gelegenheit, den Geprüften und ihren Lehrern meine tief empfundene Bewunderung zu Füßen zu legen. Ich würde das Abitur nicht geschafft haben, natürlich nicht.

Ich will aber hier gar nicht weiter von der Frage handeln, dass und warum ich »die Entstehung der zahlreichen Buntbarsch-Arten des Viktoria-Sees aus der Sicht der erweiterten Evolutionstheorie« nicht hätte erläutern können, wie es in Biologie als Grundkursfach verlangt worden ist. Wäre ich darüber geprüft worden, hätte ich die Buntbarsche auswendig gelernt, danach schnell wieder vergessen und gehofft, dass mich die Begegnung mit ihnen fit für das Leben gemacht hätte. Nein, meine Bewunderung gehört wieder einmal der Abiturprüfung »Deutsch als Leistungsfach«. Da möchte man als hauptberuflicher Verfasser von Zeitungsaufsätzen schließlich auch ein wenig mithalten können.

Nun gut, ich hätte eine reichliche Auswahl an Themen gehabt. Ein dunkles Gedicht von Nelly Sachs hätte ich zu verstehen versuchen können und dabei vielleicht sogar einige Übereinstimmungen erreicht mit der Lösungsvorgabe des Ministeriums. Wahrscheinlich hätte ich aber lieber das Hofmannsthal-Zitat genommen über die Gewalt und die Worte und dabei hoffentlich – wie von den Prüfern verlangt – die »Interdependenz zwischen rezeptivem und produktivem Sprachgebrauch bedacht«. Zur Not hätte ich halt versucht, bei meinem frühreifen Nachbarn abzuschauen.

Um aber endlich zum Punkt zu kommen: Was mich wirklich ärgert, seit Jahren schon, ist der ungeheure Anspruch, der in solchen Themenstellungen formuliert wird – ein Anspruch, dessen Zwillingsschwester die Hochstapelei der zu Prüfenden ist und sein muss. Ein Thema war zum Beispiel dieses: Eine Szene aus Schillers *Wallenstein* wurde den Schülern angeboten, in der zwischen Vater und Sohn Piccolomini heftig gestritten wird, und »diese Behandlung eines Generationenkonflikts« sollte man dann »mit einem anderen literarischen Werk samt dessen zeit- und literaturgeschichtlichen Hintergrund vergleichen«. Ganz einfach ist das, nicht wahr, man muss nur kurz nachdenken: Welches andere Werk nehmen wir denn da, haben wir was Passendes durchgenommen, wo streiten sich Eltern und ihre Kinder, worum genau geht es dabei, was sagen die Protagonisten?

Müsste ein Essayist oder ein Professor für Literaturwissenschaft ein solches Thema behandeln für einen Aufsatz, dann ginge er jetzt gemessenen Schritts an seinen Bücherschrank, griffe nach dem *Werther* vielleicht oder nach dem Band mit *Hamlet*, verwürfe seine Wahl, läse sich irgendwo fest und schriebe sich endlich ein paar markante Sätze heraus, mit denen er argumentieren könnte. Und der unglückliche Abiturient? Soll in seinem Gedächtnis kramen, sich dann zügig für irgendein Werk entscheiden, das er kürzlich gelesen hat, und dann so tun, als hätte er alles parat, was darin über die Probleme zwischen den Generationen gesagt wird.

Neunzehn Jahre sind die Kinder alt und sollen freihändig – auch das war dieses Jahr ein mögliches Thema – über »die Abschaffung der Kultur durch die Zivilisation« tief gehende Erkenntnisse zu Papier bringen. Von wegen Tiefgang: Wer nicht wenigstens auf der obersten Oberfläche ein wenig paddeln kann, ist schon ertrunken. Was in dieser Reifeprüfung verlangt wird, ist die hohe Kunst des Schwafelns. – Wenn man freilich manche Politiker ihre Reden halten hört und manche Vorstandsvorsitzende ihre Grußworte, dann weiß man: Sie müssen das Abitur mit Bravour bestanden haben.

Dienstag, 21. Mai 2002

Sechs Stunden lang

Zwei erwachsene öffentlich-rechtliche Rundfunkanstalten und die Rückkehr einer Fußballnationalmannschaft

Es sei ein ruhiger Flug gewesen, gab der Pilot bekannt, als endlich auch er interviewt wurde, und da war der Zuschauer sehr froh, dass er auch das noch hatte erfahren dürfen. Es war damit nämlich die letzte Wissenslücke geschlossen an diesem phantastischen Montag: Vorher war bereits die präzise Abflugzeit der historischen Maschine in Japan gemeldet worden, die der unermüdlich recherchierende Reporter Töpperwien für uns genauso präzise herausgefunden hatte wie die Tatsache, dass das Flugzeug mitsamt unserer Überraschungsmannschaft – wer hätte das noch vor vier Wochen gedacht? – genau 5225 nautische Meilen zurückgelegt hatte. Später kam auch noch eine Stewardess zu Wort, die darüber berichtete, dass an Bord ein wenig gefeiert worden sei; wie richtig diese Auskunft war, erwies sich eine halbe Stunde danach aufs Schönste, als auf dem Rathausbalkon zu besichtigen war, mit welcher Entschlossenheit sich der Spieler Ziege bereits betrunken hatte, und als gleichzeitig deutlich wurde, dass er es mit dem bisher erreichten Ergebnis noch nicht würde genug sein lassen.

»Was hättet Ihr erst gemacht…

Um aber gleich einmal allerei möglichen Vorhaltungen zu begegnen: Auch wir hier sind irgendwie begeistert gewesen über die zweieinhalb bis vier ziemlich guten Halbzeiten der deutschen Fußballmannschaft im fernen Asien. Schon deshalb wollen wir auch niemanden dafür tadeln, dass er sich montags um 6 Uhr morgens auf den Weg gemacht hat, nur um zwölf Stunden später ein paar junge und ältere Männer sowie die Frankfurter Oberbürgermeisterin von einem schönen Balkon herunter *winke winke* machen zu sehen. Es steht im Grundgesetz, dass jeder nach seinem Gusto begeistert sein darf, gerne auch über den Gewinn einer so genannten Vize-Weltmeisterschaft, selbst wenn es die natürlich gar nicht gibt. (Wenn der Weltmeister Brasilien krank ist oder Urlaub macht, wird er dann vertreten durch Deutschland beim Weltmeistersein?)

Wie gesagt, kein Einwand gegen die Begeisterten – es gibt nun einmal ein frei vagabundierendes Jubelbedürfnis im Volke, und dass es sich des Fußballs bemächtigt, ist ganz o.k., wenn man bedenkt, auf welche Objekte es sich ebenfalls richten könnte. Muss man das aber wirklich so ernst nehmen, dass sich zwei erwachsene öffentlich-rechtliche Rundfunkanstalten nicht zu blöde sind, um – parallel und mit gigantischem technischem Aufwand – jeweils zwischen fünfeinhalb und sechs Stunden lang (plus Nachrichtensendungen und *ZDF-Spezial*) beinahe nichts zu senden? Muss man wirklich so zynisch deutlich machen, wie schnell man für ein bisschen Quote bereit ist, seine ehemaligen Ansprüche auf den Müllhaufen zu werfen?

Vorgesehen waren an diesem Nachmittag beispielsweise: Reportagen über Paris oder über die Osterinseln, auch ein Krimi. Gesendet wurden stattdessen die immer gleichen Bilder von torkelnden jungen Männern und schwarz-gelb-rot angemalten Mädchen, denen man nur das Mikrophon hinhalten musste, damit sie *Deutschland* hineinbrüllten, wahlweise auch *geil* oder *supergeil.*

Ob sie bei *ARD* und *ZDF* wirklich glauben, es sei Journalismus, wenn ein behelmter Reporter namens Schmelzer die Fahrt des vizeweltmeisterlichen Busses auf dem Motorrad begleitet und uns – sofern wir ihn gerade verstehen können – in immer neuen Varianten mitteilt, so etwas habe er noch nie erlebt? Ob die Sender wirklich einer Informationspflicht nachzukommen glauben, wenn im Ersten Programm zuerst Olli und dann Michael zu Protokoll geben, das alles sei der helle Wahnsinn, nur damit sie das anschließend im Zweiten noch einmal tun, in umgekehrter Reihenfolge? Merke übrigens, Waldi H.: Die Frage an einen über alle Backen strahlenden Kicker, wie er sich fühle, wird auch dadurch nicht klüger, dass der Reporter gleich selber sagt, das sei nun die dümmste aller Reporter-Fragen. Vielleicht setzt Ihr Euch, wenn Ihr schon wisst, dass Ihr viele endlose Stunden lang reden müsst, mal vorher eine halbe Stunde in ein Eck und überlegt Euch wenigstens 20 halbwegs originelle Fragen.

Und all das wird ohne jede Ironie über den Sender gejagt, ohne auch nur den Hauch eines Zweifels am Sinn des ganzen Trubels erkennen zu lassen. Nicht einmal dann machen sich ein Mohren oder ein Poschmann über die Massenhysterie lustig, wenn fünfzigtausend Zuschauer und 23 Fußballspieler in einem gigantischen Anfall von Selbstbetrug zu singen beginnen, sie seien die Champions, obwohl sie wenigstens das nun wirklich besser wissen.

...wenn wir gewonnen hätten?«

Am weitaus erträglichsten waren eindeutig die Spieler selbst und ihr Trainer. Lustig war es, als die Mannschaft und die Masse gemeinsam sängerisch bekannt gaben, es gebe *nur ein' Rudi Völler* und dieser eine nicht so recht wusste, was er zu dieser Feststellung für ein Gesicht machen sollte. Es war dann auch Völler, der vom Balkon herunter die einzig sinnvolle Frage des Tages stellte: »Was hättet Ihr erst gemacht, wenn wir gestern gewonnen hätten?«

Das allerdings können wir ihm gerne erklären: *ARD* und *ZDF* hätten live aus dem Flugzeug den verletzten Finger von Oliver Kahn interviewt, während unten am Boden die Intendanten aller Sender beschlossen hätten, eine Woche lang nur noch Fußball-Ekstase zu übertragen, gelegentlich unterbrochen durch ein Filmchen über die großen deutschen Fußballer im Wandel der Zeiten. Das Ganze mit regelmäßigen Direkt-Schaltungen aus 5225 ausgewählten deutschen Städten...

Mittwoch, 3. Juli 2002

Unter Bayern

Das hätte ich auch nicht gedacht, dass ich noch einmal das Fürstentum Liechtenstein würde loben müssen, für sein gesundes Verhältnis zum Rechtsstaat. Nicht, dass ich mich in dem Ländchen gut auskennen würde. Trotzdem habe ich einen guten Grund für mein Lob: Die *Biermösl Blosn* ist in Liechtenstein aufgetreten mit Spott- und Hohnliedern, in denen angeblich auch das Wort Geldwäsche eine Rolle gespielt hat. Und nun ist sie von einem in diesem Zusammenhang besungenen Notar B. wegen übler Nachrede, Verleumdung und Beleidigung verklagt worden.

Ich fürchte, ich muss jetzt ein wenig ausholen. Die Biermösl-Brüder Well haben zusammen mit dem Gerhard Polt ein neues Programm erarbeitet, in dem es – unter dem Titel *crème bavaroise* – um allerlei Affären geht, zum Beispiel um den freistaatlich begleiteten Niedergang des Deutschen Ordens, auch um die Untersuchungen gegen Politiker oder Politiker-Söhne, die womöglich von gewissen Waffenhändlern Geld erhalten, aber keine Festplatte mehr haben, auf denen Beweise für solche Geschäfte zu finden wären. Das Besondere an dem Programm, für das man in München kaum noch Karten bekommt, ist seine inhaltliche Härte: Einer der Höhepunkte des Abends ist die Nummer, in der die Biermösler als Friedhofswärter figurieren und neben dem Sarg eines tödlich verunglückten Oberstaatsanwalts im Choral die Frage erörtern, ob dieser

Unfall vom Bayerischen Justizministerium organisiert sein könnte; ein Verdacht, dem die Sänger – aus welchen Gründen auch immer – offenbar eine gewisse Plausibilität zumessen.

Um es auf den Punkt zu bringen: Da wird in einer Vorstellung des Bayerischen Staatsschauspiels im wunderschönen staatlichen Cuvilliés-Theater die Frage erörtert, ob – oder ob nicht – bayerische Behörden mit Auftragskillern zusammenarbeiten, um so die staatsanwaltschaftliche Verfolgung von Korruption zu verhindern. Und was passiert? Stürmt in der zweiten Vorstellung eine Polizei-Hundertschaft das Theater? Werden die Herren Satiriker auf offener Bühne in Handschellen gelegt? Wird wenigstens nach der fünften Vorstellung, wenn genug Beamte inkognito alle Texte mitgeschrieben haben, eine Strafanzeige wegen Verleumdung oder Beleidigung gestellt? Aber nein: Nichts dergleichen, gar nichts. Ist doch egal, wenn im Laufe der Monate Tausende von Besuchern frenetisch den scharfen Gesängen und frechen Reden applaudieren. Hauptsache, die haben weiter keine Folgen, und es wird im Herbst die richtige Partei gewählt.

Ich weiß gar nicht, was mich mehr verstört: Die Geringschätzung des Theaters als öffentliches Forum durch denselben Staat, der dieses Theater mit nicht wenig Steuergeld subventioniert? Oder die Geringschätzung des Rechtsstaats, in dem man lieber, mit eingezogenem Kopf, die schlimmsten Vorwürfe an sich abtropfen lässt, als ihre Stichhaltigkeit oder auch Absurdität vor ordentlichen Gerichten überprüfen zu lassen?

Dafür ist jetzt hoffentlich klar, warum ich das Fürstentum Liechtenstein in dieser Kolumne habe loben müssen.

Samstag/Sonntag, 6./7. Juli 2002

Wie es uns gefällt

**Warum die Bayern fromm und konservativ sind –
und warum immer auch das Gegenteil davon**

Es ist schon ein besonderes Gefühl, in einem Land zu
leben, das zu einem Mythos geworden ist. Mythos heißt
nämlich, dass niemand genau sagen kann (oder auch will),
wie sich die Gerüchte mit der Realität vertragen: Hauptsache, die Leute bekommen glänzende Augen, wenn sie
über Bayern reden – oder auch ganz schmale, misstraui-
sche, je nachdem. Gesichert ist immerhin aus tausend
Schriften und vor allem mündlichen Überlieferungen:
Bayern ist so schön wie seine berühmteste Weißbier-Re-
klame, und die ortsansässigen Menschen, die manchmal
auf den Kitschpostkarten zu sehen sind, sind rauflustig,
reaktionär und sinnenfroh, was man an ihren Kröpfen erkennt und an den vielen ledigen Kindern.

Und was soll man sagen – alles ist richtig. Allerdings
gibt es eine eherne Regel im Umgang mit diesem Land:
Was über Bayern gesagt wird, stimmt immer – und das
Gegenteil stimmt auch. Wahr ist zum Beispiel, dass es
hierzulande hochragende Berge gibt, grüne Almen und
tiefblaue Seen; wahr ist aber auch, dass der Reisende, der
sich im Intercity der Stadt Nürnberg nähert, aus dem Fenster eine Landschaft betrachten kann, die ihn jederzeit an

Niedersachsen erinnern könnte, da wo es am flachsten ist und eher ein wenig öde. Trotzdem kann auch der Franke, so gerne es mancher vielleicht möchte, nicht verhindern, dass er – im Guten wie im Schlechten – zu leben hat mit den Klischees, die sich der Norddeutsche über das Land Bayern gebastelt hat, das in den Reiseteilen Hamburger Zeitungen schon mal schlicht Alpenland genannt wird. Nur muss ihm das nichts weiter ausmachen: In uns Bayern hat so vieles Platz, dass bestimmt auch etwas für den Oberfranken dabei ist.

Um es kurz zusammenzufassen: Wir sind konservativ und anarchisch, fromm und antiklerikal, sind lauthals fröhlich und im nächsten Moment wieder schwer melancholisch. Auch weltoffen können wir sein, zum Beispiel, wenn wir den Brasilianern beim FC Bayern zujubeln, als hätten sie auf niederbayerischen Bolzplätzen das Fußballspielen gelernt; und doch ist es denselben Leuten möglich, schon ein paar Stunden später wieder in den Bierzelten zu sitzen und den Politikern zu applaudieren, die sagen, jetzt müsse aber Schluss sein mit dem ewigen Zuzug von Ausländern. So ist das eben, wenn man die Auswahl hat unter ganz vielen Mythen: Ein schmucker Jägersbursch möchte der junge Bayer gerne sein – mit lebenslanger Mitgliedschaft in der Jungen Union, damit was wird aus ihm im Leben; und gleichzeitig wäre er gerne ein Wildschütz, wie sie in den Volksliedern besungen werden. Mit anderen Worten: Jeder Bewohner des Freistaats kann unter den vielen Attributen, Eigenschaften und Möglichkeiten diejenigen für sich aussuchen, die ihm am passendsten und am angenehmsten erscheinen. Manchmal wech-

seln unsere diesbezüglichen Entscheidungen wöchent-
lich.

Vielleicht können sich aber alle Bayern wenigstens darauf einigen, dass sie in einem Land voller Widersprüche
leben – und dann gemeinsam darüber nachdenken, woher
das wohl kommt. Wahrscheinlich hängt alles damit zusammen, dass sich das Land Bayern am stärksten und
schnellsten von allen deutschen Ländern gewandelt hat
und wandeln hat müssen; und dass wir Ureinwohner uns
nie haben entscheiden können, ob wir diese Tatsache lieber verdrängen wollen oder ob wir lieber ungeheuer stolz
sind, wenn wir wieder einmal versuchen, in ledernen
Beinkleidern einen Laptop mühsam in Gang zu bringen.

Recht hat sicherlich das Klischee, wenn es sagt, dass
Bayern, als das 20. Jahrhundert begann, ein Agrarland
war, in dem die meisten Menschen von Ackerbau und
Viehzucht lebten und in dem niemand gegen den Bauern-
stand regieren konnte; Ludwig Thoma hat diese Seite der
bayerischen Tradition am schönsten beschrieben. Aber
schon damals war das bäuerliche Bayern nur die halbe
Wahrheit, weil das Land um das Jahr 1910 durchaus
schon eine beachtliche industrielle Reife erreicht hatte:
erst einmal in Franken vor allem – in Nürnberg oder in
Schweinfurt –, in Städten also, wo die Ablenkung durch
Faschings- und Oktoberfeste nicht so groß war wie im le-
benslustigen Oberbayern.

Geradezu dramatisch veränderte sich Bayern dann
nach dem Zweiten Weltkrieg: Waren zuvor 150 Jahre nötig gewesen, um eine Million Menschen, die nicht mehr
von der Landwirtschaft leben konnten, in anderen Beru-

114

fen unterzubringen, so musste die nächste Million von 1950 an in 20 Jahren abgebaut werden; mit allen Konsequenzen, die so etwas für das Lebensgefühl der Menschen hat, deren Kinder plötzlich nicht mehr für immer auf dem Dorf leben dürfen und nicht mehr in der alten Zwergschule unterrichtet werden, weil sie in dieser auf das Leben in der Großstadt nur unzureichend vorbereitet würden. Als die größten Umwälzungen abgeschlossen waren, mussten nur noch ein paar weitere Jahrzehnte mit Gebietsreformen und geschickter Standortpolitik vergehen: Und plötzlich war Bayern – auch weil es so gut wie keine Bergwerke und Stahlgiganten abwickeln musste – berühmt für seinen Umgang mit den Technologien der Zukunft. In den Unternehmen aber, die auf diesem Gebiet tätig waren, arbeiteten ziemlich friedlich nebeneinander: die Ureinwohner, die Flüchtlinge samt ihren Nachkommen und Hunderttausende von Zugereisten aus aller Herren Länder, die nicht zuletzt deshalb nach Bayern gezogen waren, weil sie ein gewisser Mythos angezogen hatte.

Dessen Geheimnis am Ende gar nicht so schwer zu ergründen ist. Wenn alles stimmt und das Gegenteil auch, dann geht nichts über eine solide Doppelstrategie. In der Politik wird sie seit langem zu immer neuer Perfektion getrieben von einer Partei, die in Brüssel dieselbe Agrarpolitik mitverantwortet, die sie dann in Bayern Arm in Arm mit den heimischen Bauern heftig bekämpft. Diese Art, Politik zu treiben, erklärt zum nicht geringen Teil den Erfolg der CSU – und könnte ihr übrigens zum ersten Mal größere Schwierigkeiten machen, wenn plötzlich der Bundeskanzler aus Bayern käme und es sich schwer verbitten würde, griffe man ihn, wie die letzten 50 Jahre hindurch, von Bayern aus am heftigsten an. Daneben könnte diese Sorte Doppelstrategie aber auch erklären, warum es sich die Bayern so gemütlich eingerichtet haben in ihrer Widersprüchlichkeit.

In der Nähe von Füssen wird – mit Gottes und der Banken Hilfe – vielleicht noch die nächsten 50 Jahre hindurch vor Touristen aus aller Welt das halb ironische, halb patriotische Musical gespielt werden vom Kini, den seine Beamten in den Tod getrieben haben; funktionieren kann das Konzept nur, weil sich da ein paar intelligente Bayern zusammengefunden haben, die auf gnadenlose Weise mit allen bayerischen Stereotypen Geschäfte machen und sich gleichzeitig über sie (und über sich) lustig machen.

Gut und gerne lebt die hiesige Bevölkerung von der Vermarktung der Bayern-Klischees. Aber wenn es uns zu viel wird, gehen wir abends zur Biermösl Blosn und lachen uns scheckig über die Lieder, in denen die Vermarktung des Bayern-Klischees gegeißelt wird.

Ganz schön unergründlich, dieser starke Stamm in einem schönen Land: Grund genug, in einer ganzen Serie vom Mythos Bayern zu erzählen.

Der Bayer liebt die Berge, die Sehnsucht und seinen Kini. Aber es gefällt ihm auch, wenn der mal derbleckt wird.

Montag, 29. Juli 2002

Wallfahrt ins Weltliche

Besuch in (m)einer Stadt

Zu Hause ist es am wenigsten schön. Deshalb gehen manche weg und schauen Jahre später noch mal vorbei. Zu Hause ist es am schönsten. Deshalb sind manche geblieben und blicken mal milde, mal amüsiert, mal zornig auf ihre Heimatstadt. Welche Erinnerungen mich wohl als erste überschwemmen werden? Das kommt darauf an, wie ich anreise. Käme ich mit der Eisenbahn zum Beispiel, fiele mein erster Blick zwangsläufig auf den Bahnhof, der noch ziemlich genauso aussieht wie damals, als ich jeden Morgen um 6 Uhr 39 den rumpelnden Triebwagen nach Burghausen bestiegen habe, um in ihm mit zittriger Schrift einen Gutteil der Hausaufgaben anzufertigen, die ich später vorweisen musste im humanistischen Gymnasium zu Burghausen. (Die Fahrschülerei ist aber inzwischen vorbei: Meine Stadt hat nun zwei eigene Gymnasien.) Anschließend ginge ich noch ein paar hundert Meter weiter und wäre in der Schlotthamer Straße, wo wir seinerzeit gewohnt haben.

Sofort fielen mir wieder die vielen Sonntage ein, an denen sich das Kind Herbert wütend in seinen Kissen gewälzt hat, weil wieder in aller Herrgottsfrühe ein paar hundert Pilger praktisch mitten durch sein Schlafzimmer gezogen sind, um singend bekannt zu geben, »Maria zu lieben« sei allzeit ihr Sinn. Ich würde also das Haus Nr. 2 suchen – und siehe, es stünde gar nicht mehr. Sie haben es abgerissen, ohne jeden Hinweis darauf, dass hier einstens der nachmalige Journalist…

Ist aber nicht so schlimm, ich komme sowieso mit dem Auto in meine Heimatstadt, über die Mühldorfer Straße, in der mich als Erstes eine stattliche McDonald's-Filiale begrüßt. Nicht, dass ich das für eine große Bereicherung der Stadt Altötting hielte. Andererseits hat man die Hack-Brater mit ihrem Etablissement wenigstens nicht auf den Kapellplatz gelassen. Der ist in seiner erhabenen Schlicht-heit sogar viel schöner als zu meiner Zeit, ehrlich gesagt finde ich inzwischen sogar, dass es einer der schönsten Plätze ist, die ich überhaupt kenne (auch wenn – oder ge-rade weil – es jetzt nicht mehr möglich ist, mit dem Auto rund um den Marienbrunnen zu rasen und, wie Freund Alfred seinerzeit, zu versuchen, ob man den Käfer dabei zum Kippen bringen kann).

Aber jetzt von vorn und dabei gleich einmal ein Ge-ständnis: Ich bin nicht nur in Altötting geboren, sondern ich bin nicht einmal bereit, mich dafür zu schämen. Doch ja, das wäre schon angebracht. Jedenfalls habe ich, als ich später in München lebte und in noch exotischeren Städ-ten ein Gastspiel gab, immer wieder aufmerksam diese ein wenig spöttischen, ein wenig mitleidigen Blicke regis-triert, wenn ich erzählte, wo ich eigentlich herkam. Wusste ja jeder, was das bedeutete: Da ist einer groß ge-worden in einer einzigen Weihrauchwolke, hat seine Ju-gend, fromme Lieder singend, mit einem gewissen Tand-ler verbracht, dem später das größte Hotel am Kapellplatz gehören würde, ist später mit großer Kraftanstrengung ge-flohen aus dem scheinheiligen Kaff: nur weg von der schwarzen Madonna, weg von der schwarzen Magie. So denkt man nun mal gerne in aufgeklärten Kreisen. Umso mehr haben die Leute dann immer gestaunt, wenn ich ihnen ganz nebenbei erzählt habe, dass der Tandler erst nach meiner Zeit, aus Neuötting kommend, bei uns Hotelier wurde, und dass ich mich, unabhängig davon, eigentlich immer ziemlich wohl gefühlt habe in meiner Kleinstadt.

Es habe, habe ich gerne hinzugefügt, sogar in Altötting ein Leben vor dem Tod gegeben, welches wir, als wir dann pubertierten, gerne in zwei mehr oder weniger gut beleumdeten Tanz-Cafés verbrachten. Auf die wir übrigens gar nicht angewiesen waren, wenn wir unsere früh erotischen Bedürfnisse ausleben wollten: Wozu gab es die schönen Bänke rund um die Gnadenkapelle? Es ist in Wahrheit ein besonderer Kick, im Bannkreis der Jungfrau Maria mit den Mädels herumzuschmusen und darauf zu warten, wann ein Kirchenwächter gerannt kommt, um uns auf das Unziemliche unseres Treibens hinzuweisen. (Ach so, die Bänke gibt es inzwischen nicht mehr; wenigstens insoweit muss man doch von einer eindeutigen Verschlechterung in Sachen Kapellplatz-Topographie berichten.)

Nun will ich um Gottes willen nichts schönreden. Es kann schon zu merkwürdigen und unerfreulichen Resultaten führen, wenn sich Frömmigkeit und Geschäftssinn allzu innig paaren. Als ich ein Kind war, habe ich ein paarmal im Wallfahrtswarengeschäft der Eltern eines Schulfreundes ausgeholfen, und nie werde ich den weißen Strich vergessen, der zwischen dieser »unserer« Devotionalienhandlung und der des Nachbarn gezogen war: Sobald ein Wallfahrer den Schwerpunkt seines pilgernden Leibes über den Strich hinwegbefördert hatte, gehörte er ganz dem jeweiligen Ladenbesitzer. Was immerhin den Vorteil hatte, dass der Pilger nicht in der Mitte auseinander gerissen wurde. Jetzt, beim Wiedersehen, habe ich keinen solchen Strich mehr gesehen und war überhaupt angenehm überrascht, dass die einzige Händlerin, deren Geschäft ich betrat, schon nach wenigen Minuten resigniert den Versuch beendete, mir eine heilige Kapelle in der Schneekugel anzudrehen. Vielleicht ahnte sie, dass ich schon ein paar davon habe.

Davon abgesehen, glaube ich nicht, dass die Gewinnsucht der Altöttinger schlimmer ausgeprägt ist als die von Bewohnern anderer Städte, die vom Tourismus leben. Dafür glaube ich aber an eine andere Art von Gewinn: Seit im Jahre 1489 ein Knäblein in den Altöttinger Mörnbach fiel und die Augen erst wieder aufschlug, als die Mutter das leblose Kind auf den Altar der Marienkapelle gelegt hatte, sind Menschen hierher gefahren, um so etwas wie Trost und Hoffnung zu bekommen. Ganz ungetröstet werden sie nicht heimgekehrt sein, sonst kämen auch zu Beginn des dritten Jahrtausends nicht jährlich eine Million Pilger nach Altötting, mit vielen Jugendlichen darunter, und die hätten nicht so oft das Gefühl, dass ihre Gebete erhört werden – die vielen anrührenden Votivbilder rund um die schwarze Kapelle geben Zeugnis davon. Ist das alles komisch? Man müsste, im Jahre 2002, schon ziemlich zynisch sein oder ziemlich blöd, um sich über verhärmte alte Frauen lustig zu machen, die mit einem Kreuz auf

dem Rücken um die kleine Kirche herumrutschen und
»O Maria hilf!« rufen. Könnten ihre Gebete damit zusammenhängen, dass ihnen sonst ja doch keiner hilft?

So viel zum Grundsätzlichen, jetzt wieder zurück ins
praktische Leben. Wie ist sie also, meine Heimatstadt mit
ihren 13 000 Einwohnern und den hundertmal so vielen
Wallfahrern, die jedes Jahr kommen, mit zunehmender
Tendenz? Ziemlich normal ist sie, fürchte ich; nicht einmal
richtig im Griff der einzig christkatholischen Partei befindet sie sich, die es in Bayern gibt. Der tüchtige Bürgermeister Herbert Hofauer wird jedenfalls von den Freien
Wählern gestellt, auch im Stadtrat hat die CSU nicht die
absolute Mehrheit. Dafür sitzt ein Republikaner im Gre-
mium, über den ich mich aber mehr erschrecken würde,
wenn ich nicht wüsste, dass es sich nur um den Schnei-
derbauer Franze handelt, der vor vielen Jahren neben mir
in der Volksschulbank gesessen hat und einmal bitterlich
weinen musste, als ihn der Kaplan wegen einiger falscher
Töne aufgefordert hat, nicht mitzusingen. (Er hat dann
doch weitersingen dürfen, der Kaplan hatte Mitleid.)

Ist mir meine kleine Stadt noch vertraut? Keine große
Überraschung insoweit: Manches ist wie immer, manches
erkennt man kaum wieder. Zwei Tiefgaragen gibt es jetzt
in der Stadt und diverse Umgehungsstraßen; dafür fehlt
die berühmte Missionsausstellung, in die man früher unbedingt gehen musste, weil da ein gipserner kleiner Ne-
gerjunge auf einem Podest zu besichtigen war, in dessen
Schlitz man ein Zehn-Pfennig-Stück warf, woraufhin der
Gipsjunge »Vergelt's Gott!« sagte aus Dankbarkeit darüber, dass die Missionare einen Christen aus ihm ge-

macht hatten. Heute ist in dem Gebäude, gleich neben der Marianischen Männerkongregation, die Stadtgalerie untergebracht; als ich sie besuche, sind dort gerade die Radierungen und Grafiken von der Gschwendtner Ursula ausgestellt, die aus dem Café gleich um die Ecke stammt. Dort im Café sitzt ihr Vater beim Mittagessen und erzählt mir, als kleiner Junge habe er immer zuschauen dürfen, wenn am Stammtisch mein Vater mit ein paar anderen Honoratioren Tarock gespielt hat. Gleich gefallen mir die Radierungen noch ein wenig besser, als sie es ohnehin schon getan haben.

Man ist halt nicht objektiv, wenn man seine Heimatstadt besucht, es fallen einem zu viele Geschichten ein – schöne, schreckliche, herzerwärmende. Altötting ist die Stadt, in der die SS meinen Vater und sechs andere Bürger in den letzten Kriegstagen erschossen hat, aber es ist auch die Stadt, die in angemessener, tröstlicher Weise dieser ihrer Söhne mit einer kleinen Kapelle am Ort des Mordes gedenkt. Ohnehin ist man als Kind Gott sei Dank nicht auf die Schrecklichkeiten fixiert, die einem im Leben so zustoßen. Also habe ich mir sehr gut auch die anderen Sachen gemerkt. Ich brauche nur ein bisschen herumzulaufen, und schon falle ich mir wieder in allen möglichen Gestalten ein, in einer anderen Zeit, in einer anderen Welt.

Dort unten, auf der Treppe vor der riesigen Basilika, bin ich wieder der kleine Junge, dem sie mit der Brennschere Locken in die Haare gedreht haben, damit er beim Freilufttheater ein bezauberndes Christkind abgeben konnte. Und tausend Meter weiter östlich, beim Huberwirt in der

Burghauser Straße? Da haben sie jetzt ein angesagtes Lokal für die örtliche Jugend eingerichtet. Aber ich bin, als ich jetzt vorbeigehe, sofort wieder der Schulbub, der jeden Sonntag hierher geschickt wurde, um im Maßkrug drei Quartel helles Bier für die fünfköpfige Familie zu kaufen, und der unterwegs schon mal ausprobierte, ob das Bier wirklich so gut ist, wie das alle sagten. Lauter Häuser stehen hier herum, an denen meine Erinnerungen kleben: die Stiftskirche, in der ich als Firmling dem Bischof ein Gedicht aufsagen durfte und mittendrin stecken blieb. Und gleich daneben das alte Haus, in dessen Torbogen ich bei einer überraschten Blondine meinen ersten Kuss platziert habe. Ich fürchte, ich war so stolz darauf, dass ich ihn bei der nächsten Gelegenheit einem Kapuziner gebeichtet habe.

Ach so, die Kapuziner, das muss ich noch erzählen. Zwei Klöster hat die Stadt, eines davon, erzählt der Bürgermeister, will die Stadt demnächst kaufen und ein Tagungszentrum darin errichten. Ob das nicht doch ein Niedergang ist, wo doch in diesem abzureißenden Kloster der heilige Bruder Konrad als Pförtner gearbeitet hat? Überhaupt ist es ja so: Als ich klein war, bin ich jedem Kapuziner, dessen ich ansichtig wurde, hinterhergerannt und habe ihm – so wollte das meine Mutter – die Hand gedrückt, nicht ohne ihm auf Lateinisch »Gelobt sei Jesus Christus!« zuzurufen, worauf der so Begrüßte »In Ewigkeit, Amen!« zu sagen hatte.

Der schöne Brauch ist offenbar abgekommen. Gerade wie ich dem Bürgermeister von meiner frühkindlichen Frömmigkeit erzähle, radelt ein Mann über den Kapellplatz, in Jeans und Polohemd. Das sei, sagt mein Gewährsmann, der Pater Guardian der Altöttinger Kapuziner, eine Art Abt sozusagen. So schauen die jetzt also aus. Den Mann müsste man ja direkt vom Fahrrad reißen, bevor man in einen frommen Dialog mit ihm eintreten könnte!

Da habe ich also doch noch eine kleine Enttäuschung zu verdauen, bevor ich meine Stadt wieder verlasse.

Dienstag, 27. August 2002

Freudlose Einheit

Beschwingt schreitet also die Republik in ihr 13. Lebensjahr, und die Sterne könnten kaum günstiger stehen. Der alt-neue Bundeskanzler darf seinen Steuererhöhern spät, aber publikumswirksam auf die Finger schlagen, und auch die Opposition ist glücklich, weil ihr das bayerische Stammland nun praktisch alleine gehört. Jetzt müssten, rund um das Wiegenfest, nur noch ein paar Nachrichten über Massenentlassungen bei führenden Banken oder Mobilfunkern zurückgestellt werden, schon könnte uns nichts mehr die Freude vermiesen am klingenden Spiel, mit dem die Deutsche Einheit am 3. Oktober wieder durchs Brandenburger Tor zieht, das perfekt renovierte. Vielleicht platziert der Kanzler ja sogar noch einen weiteren ostdeutschen Staatssekretär ins gesamtdeutsche Kabinett.

Und wenn man kurz die rosa Gläser in den Brillen austauschte gegen die schlecht geputzten normalen? Dann sähe man ein Land, in dem so verworren, lustlos und durcheinander schon lange nicht mehr diskutiert wurde; vergleichsweise war die Lage weniger konfus, als es noch zwei halbwegs übersichtliche Deutschlands gab, die man säuberlich sortieren konnte in West und Ost, in Freiheit statt Sozialismus, später auch in die Kalten Krieger und Friedensbewegten beider Seiten. Dann war das vorbei, und anschließend brauchte es nur noch ein paar Jahre, in denen vor allem der östliche Teil des Landes sich so rasend immer neu definierte, dass auch dem gutwilligen Beobachter seine Gewissheiten monatlich vor den Augen zerscherbelten: Warum war der Osten zuerst rot, dann lange sehr schwarz, anschließend die Trutzburg der PDS – und was machte das alles für einen Unterschied in der Sache? Momentan ist drüben wieder alles sanft-rot, bis zu einer neuen Großspende aus einer riesigen Farbtube, vor der nächsten Wahl.

Wenn nun zum Ausgleich dafür der Süden inzwischen so schwarz ist, dass die Fernsehgrafiken an den Wahlabenden ins Absurde changieren, könnte man das ja gelassen zur Kenntnis nehmen. Es handelt sich um ein seltsam vereintes Land, wenn in Vorpommern wie im Münchner Speckgürtel in verbissener Konkurrenz die zukunftsträchtigen Unternehmen mit Steuergeldern aus einem Boden gestampft werden, auf dessen Parkplätzen in Nord wie in Süd die ausgemusterten Dienstwagen langsam vor sich hin rotten. Das Beispiel zeigt, dass, auf unterschiedlichem Niveau, zwar doch dieselben Probleme Deutschland und den Rest der Welt in Atem halten, dass man das aus standortpolitischen Gründen aber nicht zugeben darf.

Das aneinander Vorbeireden ist derzeit der größte gemeinsame Nenner des Neuen Deutschlands; leider wird nicht einmal seriös aneinander vorbeigeredet. Bemühte man sich darum, dann wäre der jüngste Wahlkampf nicht so provinziell bis rassistisch geführt worden, auf beiden Seiten. Es hätte nicht die spürbare Abneigung der einen Deutschen gegen den so genannten Alpenayatollah instrumentalisiert zu werden brauchen, die dieser damit konterkarieren musste, dass er sich seiner bayerischen Herkunft schämte. Dass beide Strategien nicht wirklich aufgegangen sind, ist noch das Beste, was man über sie sagen kann.

Wer solche Entwicklungen lustig findet, verkennt aber das Problem. Alle innerdeutschen Vorurteile – das Herumhacken von CSU-Abgeordneten auf »asthmatischen norddeutschen Hühnern«, andererseits der Spott über ewig dem Fortschritt verlorene Bayerwäldler – führen zwar gerne zu schönen Pressemeldungen, die aber nur ihre Verursacher in dem Irrtum bestätigen, sie machten dabei irgendwie Politik. In Wahrheit war der deutsche Politikbetrieb selten so weit entfernt von den Problemen, zu deren Lösung er erfunden worden ist, und es tröstet auch nicht, wenn er sich kurzfristig wieder ein paar Sachfragen zuwendet. Als in den drei Tagen nach der Wahl endlich so viel über die Finanzlage der öffentlichen Hand geredet wurde wie in vier Jahren zuvor zusammen nicht, konnten die Diskutanten vor lauter Lärm ihre eigenen Aussagen nicht mehr verstehen. Anschließend Schluss der Debatte.

Eine merkwürdige Situation ist das schon: Im Wahlkampf war von nichts so sehr die Rede wie von der Mitte, in der und für welche die Politik gemacht werden müsse. Bei genauerem Hinsehen zeigt sich aber, dass es diese Mitte des Landes gar nicht gibt, weil ja schon jede kleine liberale Parteiintrige so ausgetragen wird, als spiele sie im Nabel der deutschen Welt. Das Desinteresse an diesen Sorgen der jeweils anderen wird größer, je präziser die Menschen sehen, dass ihre Zukunft sowieso mehr beim IWF oder der amerikanischen Notenbank entschieden wird als in Brüssel/Berlin/Bayern. Die dümmeren Politik-betriebsräte streiten trotzdem, ob der Kreisverband Süd der Münchner CSU illegal Mitglieder akquiriert hat. Die Gescheiteren gähnen und verlagern ihr gesamtdeutsches Interesse kurzfristig auf das Befestigen von Deichkronen und den Zusammenhalt der Fußballnationalmannschaft.

Es ist, als habe man dem Einheitsland den Boden unter den Füßen weggezogen: Offenbar kaum noch Sorgen, über die mit gemeinsamen Vorgaben zu reden sich lohnte, noch weniger gemeinsame Perspektiven. Vielleicht sollte man zum nächsten Geburtstag dem Land ja ein Puzzle schenken, damit man irgendwann wieder erkennt, wie es gedacht ist.

Mittwoch/Donnerstag, 2./3. Oktober 2002

Das Streiflicht

Als Friedrich Nietzsche eines Morgens zuerst seinen linken Fuß aus dem Bett gestellt hatte, fiel ihm prompt eine freudlose Bemerkung ein. »Wäre ich ein Gott«, notierte er, »würden mich die Ehen der Menschen mehr als alles andere ungeduldig machen.« Lange könnte man da ins Grübeln kommen, vor allem darüber, ob wir uns wirklich einen Gott vorstellen sollen, den man mit keifenden Eheleuten ungeduldig machen kann, und ob es sich dann noch um Gott handelte. Andererseits wäre es so, müsste man sich über die aktuelle Zunahme manch himmlischer Temperamentsausbrüche, über Taifune, Erdbeben, Überflutungen nicht länger wundern: zu wenig gute Eheberatung auf Erden.

Allerdings stimmt vielleicht die Prämisse nicht. Soeben hat *dpa* eine Meldung mit dem Titel verbreitet: *Heiraten macht glücklich,* und die dürfte manches Paar irritiert haben, welches das noch gar nicht mitgekriegt hatte. Wie sich zeigte, stützte sich die Meldung auf den australischen Psychologen David de Vous, der in einer Studie herausgefunden hatte, es profitierten die Ehefrauen glücksmäßig von der Ehe genauso wie die Männer, nämlich sehr. Wie jetzt? Musste man das ernst nehmen? Oder hing alles damit zusammen, dass in Australien die Leute auf dem Kopf stehen und deshalb auch die Glückshormone dort an ungewöhnlichen Plätzen zusammenrinnen? Im Lichte Nietzsches muss der nächste Buschbrand in *down under* außer von der Feuerwehr sowieso umfassender untersucht werden: Wurde der heimkehrende Jäger einmal nicht genug gelobt, als er das erlegte Opossum nach Hause brachte? Oder hat er gar versucht, den Braten nachzusalzen? Gegen ein solches Misstrauensvotum für die Köchin hülfe kein Psychologe und kein Gott.

Wie es der Zufall will, ist soeben *(Du bist mein Augenstern)* ein erhellendes Buch von U. und S. Lebert auf den Markt gekommen, in dem Ehe-Verläufe aus 30 Jahren nachrecherchiert und bilanziert werden. Und die Bilanz? Es scheint nicht zu beweisen zu sein, dass die Unterbringung von immer mehr Eheschließungen in immer weniger Lebensläufen das Gesamtgewicht des Glücks in der Welt vermehrt; womöglich wird gar nichts besser, wenn auch der dritte Ehemann hintereinander dazu erzogen werden soll, seine schmutzigen Socken selbst auseinander zu rollen. Am interessantesten äußert sich ein Münchner Therapeut, der strikt von der Illusion abrät, man könne Ehestreit durch immer noch eine Aussprache heilen. Sein Rat *(Warten, bis es vorbeigeht)* führt uns wieder in den fünften Kontinent, in dessen Weiten es sich ungestört warten lässt und wo der Ureinwohner viel zu maulfaul ist für ständiges Hinterfragen. Es ist also die Ruhe, welche die Ehen glücklich macht. Wenn sie dann noch hilft, den mürrischen Gott geduldiger zu machen ...

Montag, 7. Oktober 2002

Die Krise des Krisenjournalismus

Wenn ein Journalist einmal etwas Genaueres über seinen Beruf erfahren möchte, sollte er vielleicht versuchen, selbst zum Gegenstand von Journalismus zu werden. Das könnte ihn ernüchtern, und sogar der Kater danach wäre womöglich gesund.

In diesen Tagen steht also eine Menge Unerfreuliches über die *Süddeutsche Zeitung* in den Blättern der Republik, über dramatisch geschmolzene Anzeigenerlöse, über aktuelle Schwierigkeiten des Verlags, an frisches Geld heranzukommen, das für die Herstellung einer Qualitätszeitung gebraucht wird. Und wie geht es uns dabei? Erst einmal so, wie es allen Betroffenen geht, wenn sie – etwa auf unserer Medienseite – lesen müssen, dass sie als *ARD* Millionen Steuerschulden nachzahlen müssen oder wenn vorgerechnet wird, wer im Einzelnen die größte Schuld hat an der Pleite des Leo Kirch. Mitleid sollten wir also nicht erwarten, wenn es diesmal um uns selber geht, außerdem hätten – wenn schön gefärbt würde – nicht einmal die schön Gefärbten viel davon.

In einer zweiten Abteilung möchte man sich dann allerdings wünschen dürfen, dass auch die schlechten Nachrichten über uns so seriös wie möglich recherchiert wären. Offenbar ist das dann schon wieder zu viel verlangt, sonst müsste der *Spiegel* in der Überschrift zu seiner *SZ*-Geschichte nicht behaupten, hinter unseren Gemäuern in der Sendlinger Straße sei die *Blanke Panik* ausgebrochen, was auch kein Wunder wäre, wenn wiederum *Focus* mit seiner Überschrift Recht hätte, der Süddeutsche Verlag brettere *Ungebremst in Richtung Wand.* Rechtfertigen lassen sich solche Tataren-Meldungen nämlich nur, wenn man sie auf Gerüchte stützt, in denen etwa von riesigen Bankkrediten die Rede ist, die nun nie mehr ausgereicht hätten; solche Meldungen stimmen zwar nicht, könnten aber – im Wege der sich selbst erfüllenden Prophezeihung – schon dazu ausreichen, einen möglichen Vertrauensverlust noch richtig anzufüttern.

Anonymus enthüllt

Journalistisch interessant werden solche Geschichten bekanntlich erst, wenn es gelingt, ein paar Schuldige an dem Desaster zu finden und sie gleich zu benennen. Gerne wird also auch in unserem Fall, um das Drama noch dramatischer zu machen, die tief verärgerte Aussage eines anonymen Leitenden Redakteurs über diesen oder jenen inkompetenten Hauptverantwortlichen zitiert. Um Gottes willen, sollte man vielleicht selber…? Aber nein: Es stimmt zwar, dass auch wir Redakteure nicht immer sicher sind, ob unsere Manager oder Herausgeber bei jeder ihrer Entscheidungen vom Radarstrahl des Heiligen Geistes geführt worden sind. Aber erstens werden das nicht einmal Journalisten immer, und zweitens können sich ja auch die Kollegen Autoren der *SZ*-Desaster-Artikel in den anderen Blättern nicht darauf einigen, ob nun eher die »gierigen Schönwetter-Eigner« an allem schuld sind oder doch lieber das unfähige Management, das in seinem Größenwahn unbedingt ein Medien-Imperium aus dem Boden habe stampfen müssen. Es handelt sich übrigens dabei oft um dieselben Journalisten, die noch vor zwei Jahren den SV-Gewaltigen vorgeworfen haben, wie verschnarcht sie die besten Chancen verschliefen.

Alte Rechnungen

Gut erkennbar ist auch, dass bei solchen Gelegenheiten gerne alte Rechnungen beglichen werden, und wenn der *Spiegel* nur die Gelegenheit benutzt, seinem früheren (und nun unserem) Chefredakteur eins auszuwischen, der dann mit einem großen inaktuellen Bild den Artikel ziert, obwohl die Geschichte aus guten Gründen von ihm am wenigsten handelt. Aber wenn es der Wahrheitsfindung dient...

Die dritte Überlegung formuliert unsereiner nach solchen Erkenntnissen dann eher ein wenig zaghaft: Wäre es völlig abwegig, vom Journalismus, wenn er sich ausnahmsweise mit den Existenzsorgen des Journalismus befasst, so etwas wie eine Grundsolidarität zu erwarten? Schon klar, nicht gerade von der *Bild*-Zeitung; da wäre uns richtig etwas abgegangen, wenn sie uns nicht als einen verrußten Altbau beschrieben hätte, in welchem »schlampig« gekleidete Redakteure Artikel schreiben, bei denen sie sich »im Auftrag einer höheren Moral wähnen«; das lässt sich schon dadurch widerlegen, dass gerade der Autor dieser Zeilen heute wieder eines seiner schönsten Hemden samt eindrucksvoller Krawatte angelegt hat.

Abgesehen davon wäre die Erwartung jener Grundsolidarität mindestens nicht unvernünftig: Sie hätte nämlich mit der Tatsache zu tun, dass sich die ganze Print-Branche, inklusive ihrer Magazine, in einer Phase oder vielleicht sogar in einer Epoche befindet, in der nichts besser wird, wenn man sie mit Schadenfreude und Häme beschreibt. Wenn es stimmt, dass Qualität Geld kostet, dass Journalismus ohne Qualität aber auf Dauer niemand braucht, dann sollten sich die Anstrengungen *aller* guten Zeitungen darin bündeln lassen, für solche Wahrheiten ein gesellschaftliches Bewusstsein herzustellen. Dass das schon übermäßig verbreitet wäre bei – sagen wir – Parteien, Gewerkschaften, Verbänden, lässt sich ja nicht behaupten.

Ceterum censeo: Die *Süddeutsche Zeitung* wird diese Krise gut überstehen. Und es werden noch viele rundum gute Artikel geschrieben werden – in ihr und hoffentlich auch über sie.

Dienstag, 15. Oktober 2002

Was bleibt...

Ist Franz Josef Strauß noch wichtig?
Ist die Feldbusch berühmter als der Papst?
Über jüngst verschobene Kriterien betreffend:
Ruhm und Unsterblichkeit

1. Ein sehr Verstorbener

Sechs Rösser zogen den Katafalk, ungezählte Zuschauer säumten die Straße hin zur Feldherrnhalle, die Polizei trug auf Samtkissen das Bundesverdienstkreuz des Verstorbenen, mit Stern und Schulterband; *tausend Prominente,* schrieb die *Abendzeitung,* hätten sich im Frauendom zusammengefunden, um die Totenpredigt auf den großen Mann zu hören, von dem dann Kardinal Wetter sagte, er habe seine Knie »nur vor Gott gebeugt«. Was man so sagt, wenn die Großen sterben und die Prominenten zu Sonderkonditionen trauern und man als Mann der Kirche noch nicht gemerkt hat, dass die Monarchie abgeschafft ist.

Ein wenig mehr als 14 Jahre sind inzwischen vergangen, seit dem Ministerpräsidenten und Weltstaatsmann Franz Josef Strauß auf diese Weise (und nach dem Begräbnis-Protokoll des letzten Prinzregenten sowie des Königs Ludwig II.) der letzte Weg durch München gebahnt worden ist: direkt hinein in die Unsterblichkeit, für die ihn die Spezialisten im Regensburger Krankenhaus der Barmherzigen Brüder in fünfstündiger Balsamierung vorbereitet hatten. So war das damals. Und heute? Wenn man heute bei einem entspannten Abendessen zufällig auf Strauß zu sprechen kommt, dann sagt mit Sicherheit jemand kurz vor dem Nachtisch, der Mann sei eine farbige Figur gewesen, beredt, intelligent, machtbewusst, geldgierig auch – aber seltsamerweise gebe es nur wenig große Männer, die so wenig unsterblich geworden seien wie Strauß. Es erhebt sich meist wenig Widerspruch.

Gewiss, gelegentlich beruft sich sein Nachnachfolger Stoiber – die Silben vernuschelnd – mit einer kleinen Erinnerung auf *Franzefstrauß*. Aber sonst ist da nicht viel: wenig goldene Worte, die für immer im Sprachschatz des Volkes angekommen wären, kein politisch-historischer Welten-Entwurf. Gewiss, den Flughafen gibt es, der scheint aber in der Praxis eher auf Erding zu hören als auf Strauß. Übrigens: Wenn es sich bei jenem um einen besonders gründlich verstorbenen Unsterblichen handeln sollte, dann wäre das nichts, was man gegen ihn einwenden sollte. Er selber hatte ohnehin nicht den ganzen langen Tag an seiner Überlebensgröße geschnitzt, dafür war er zu ironisch angelegt. Um Ruhm und Nachruhm sorgte sich mehr seine Umgebung, die sich in der Sonne eines Giganten zu wärmen versuchte und oft zu spät merkte, dass es in solcher Nähe ganz schön schattig werden kann.

Die Blätter fallen, die Todesanzeigen mehren sich, auch unsereiner hat jetzt schon seit Tagen nichts wirklich für seine Unsterblichkeit getan; da gibt es wahrscheinlich keine bessere Jahreszeit als den Herbst und den trüben November, um über die Vergänglichkeit nachzudenken und über unsere vergeblichen Versuche, ihr wider alle Erfahrung Einhalt zu gebieten. Eines der großen Mensch-

136

heits-Themen sind diese Versuche natürlich bei allen Wetterlagen schon immer gewesen: Der Grieche Herostrat wollte auf ewig berühmt werden durch das Anzünden von Tempeln, der Grieche Sokrates wurde nicht müde, seinen Schülern klar zu machen, wie lächerlich sie sich mit solchen Anstrengungen machten. Unabhängig davon lebte die große Literatur der Menschheitsgeschichte über die Jahrtausende hinweg von den ganz großen Helden, zu deren unvergänglichem Ruhm die Epen und Mythen überhaupt erst überliefert wurden: *Nenne mir Muse den Mann,* flehte Homer; oder das *Nibelungenlied: Uns ist in alten Mären Wunders viel geseit, von Helden lobebären und groszer Arebeit.*

2. Sic transit…

Die Mären werden noch immer überliefert, nur dass die Helden kleiner werden und die Geschichten über sie meist so kurzlebig sind, dass man in der Regel nicht davon ausgehen sollte, sie würden mehr als ein paar Dutzend Jahre im Gedächtnis der Menschen überleben. Wenn sie überhaupt zustande kommen: Seit Jahren zum Beispiel schmort eine dicke Biographie über Franz Josef Strauß in den Backstuben der Deutschen Verlagsanstalt, will aber trotz vieler Ankündigungen einfach nicht erscheinen. Vielleicht hatte sich ja herausgestellt, dass der Held nicht *lobebär genug* gewesen ist?

Sic transit gloria mundi, riefen die Kirchenväter und Philosophen den großen Männern nach, die spektakulär von ihren hohen Rossen gefallen waren; die Warner hätten nicht so heftig auf dieser Weisheit bestehen müssen, wenn es nicht nötig gewesen wäre, einen menschlichen Urtrieb zu kanalisieren, der offenbar nicht weniger tief in uns verwurzelt ist als Hunger und Durst und Sexualtrieb. Warum aber will der Mensch mindestens genauso gerne berühmt werden, wie er ein großer Liebhaber werden will? Die Gründe sind oft trivial und manchmal auch wieder nicht: Weil es ein schönes Gefühl ist, auf der Straße von Fremden bestaunt zu werden; weil es das Selbstwertgefühl steigert, wenn man unter drängelnden Gästen beim Schumann's einen Sitzplatz angeboten bekommt; weil es – vor allem – einfach eine schwere Kränkung ist, kein Besonderer zu sein und Millionen Steuern hinterziehen zu dürfen, ohne dass beim Prozess eine Hundertschaft von Journalisten vor dem Gerichtssaal lauert. (Oder ist das doch eine dunkle Seite der Berühmtheit?)

Im Wesentlichen geht es wohl darum, sich ständig zu vergewissern, nicht umsonst zu leben oder gelebt zu haben. Dazu muss man bei einer größeren Anzahl Menschen Eindruck hinterlassen haben, und mindestens über einen vergilbten Zeitungsausschnitt aus dem Jahre 1952 verfügen, in dem steht, der Klavierschüler Riehl habe bei einem öffentlichen Konzert die Sonatine von Kuhlau in C-Dur mit viel Temperament vorgetragen.

Man kann das alles auch noch brutaler sagen, und dann stimmt es noch mehr: Berühmt werden zu wollen ist die beliebteste Strategie, den Gedanken an den eigenen Tod zu verdrängen, und wahrscheinlich wird sie umso beliebter, je mehr der Glaube an das ewige Leben verschwindet, das uns die Heiligen Schriften versprechen. Die Ungläubigen leben dann umso mehr vom unbedingten Glauben an ihre unvergängliche Bedeutung: »Es kann die Spur von meinen Erdentagen nicht in Äonen untergehen«, formulierte Faust. Auch für solche Überheblichkeit hätte ihn beinahe der Teufel geholt.

3. Die Umwälzgeschwindigkeit

Ruhm – das war einmal ein großes, gewichtiges Wort. Schon der bloße Klang ließ erahnen, warum die Hoffnung darauf manche Menschen zur Entdeckung fremder Erdteile, andere zu ingeniösen Entdeckungen – und wieder andere zu grässlichen Verbrechen trieb. Der Antrieb funktioniert noch immer, man braucht nur Mr. Osama bin Laden bei seinen selbstgefälligen Interviews zuzusehen, um zu wissen, dass er hinter dem Kameramann immer auch die Millionen Menschen stehen sieht, die demnächst an seinen Lippen hängen werden.

Aber es hat sich etwas Grundlegendes geändert im Kampf um die besten Plätze auf den Feldern der Ehre: Im Ganzen hat der Ruhm seine Faszination verloren, seit überall Tausende von kleinen Ruhm-Automaten aufgestellt sind, in die man nur ein paar passende PR-Wörter, öffentlichkeitswirksame Gesten, auch mal ein bisschen Geld oder Beziehungen einwerfen muss, um schnell das Kärtchen ziehen zu können, auf dem steht, man sei jetzt auch berühmt. Muss ja nicht für lange sein: Was sich am meisten geändert hat, ist die Umwälz-Geschwindigkeit, die dazu führt, dass vier Wochen lang ganz Deutschland über einen gewissen Zlatko spricht, der irgendwas in einem Fernseh-Container gemacht hat. Und dass den in der fünften Woche niemand mehr erkennen würde.

Das Wort Ruhm fällt einem bei jemandem wie diesem Zlatko gewiss nicht als Erstes ein – aber wenn es das wichtigste Motiv seiner Hampeleien gewesen ist, wenigstens für ein paar Tage den Kopf aus der Masse zu erheben, dann gehört natürlich auch einer wie der zur Klasse der Ruhmsüchtigen. In der es inzwischen strenge Hierarchien gibt. Die Skala beginnt, ganz unten, beim so genannten Boxenluder, das bekannt wird, weil es im Fahrerlager der Formel 1 seine Brüste auf den Boliden lagert, steigert sich zu Uschi Glas, deren Bedeutung ausreicht, die Welt mit den Details ihrer missglückten Ehe behelligen zu dürfen. Auf der nächsten Stufe erkennen wir schon den so genannten Promi, einen Ehrentitel, der ohne weitere Prüfungen von *Bunte* und *Gala* vergeben wird, von dort aber auch wieder entzogen werden kann. Wieder weiter oben in der Hierarchie ist der VIP zu erkennen, was schon eine reellere Auszeichnung ist, weil sie ihrem Träger im besten Fall dazu verhilft, kostenlos den Spielen des FC Bayern in Gegenwart von Franz Beckenbauer beizuwohnen, der seinerseits mit VIP höchst unzureichend beschrieben wäre. Dass er der Kaiser genannt wird, ist ein Signal für seine nicht mehr zu verhindernde Unsterblichkeit: Sollte er wirklich einmal hinscheiden, könnte es sein, dass ihn spätere Generationen im Münchner Olympiaberg am Leben vermuten, aus dem er eines Tages wieder hochsteigen würde, wenn seine alte Mannschaft einmal besonders deftig gegen 1860 München verlöre.

Um aber an dieser Stelle der Einordnungen einen Zwischenstrich zu machen: Beckenbauer hat durch sportliche Höchstleistungen und dann einfach durch sein Sosein eine Art erzenen Lorbeer um sein Haupt gekränzt, weshalb ihm längst auch gelegentlich überaus dumme Bemerkungen nachgesehen werden. Jemand wie Jürgen W. Möllemann dagegen hätte noch hundertmal mit seinem Fallschirm über dem Wählerpublikum herfallen können – er wäre trotzdem eine lächerliche Figur geblieben. Zum Anhäufen von Ruhm hat die liberale Fallschirmspringerei ohnehin wenig beigetragen; auch in seinen besten Tagen ist Möllemann bestenfalls eine temporäre Berühmtheit gewesen, mit starker Neigung zum Berüchtigtsein. Ruhm hat man, die Berühmtheit wird einem, wenn man sich sehr darum bemüht, von außen aufgepappt wie ein Bonbon. Und das kann dann sehr schnell klebrig werden. Der durch eigene Schuld berühmt gewordene Scharping wäre sein Plantsch-Bonbon gewiss gerne wieder los.

Es gibt also die Schattenseiten des Ruhms, aber das ändert nichts daran, dass so ungefähr jeder berühmt sein will, auch wenn er noch laut sagt, der sei ihm nur lästig. Dieser feste Wille ist am besten zu erklären, wenn man ihn dialektisch versteht und auch als eine Art Gegenwehr: Wenn einerseits immer mehr Individuen sich als unbedeutende gesichtslose Elementarteilchen der Masse Mensch fühlen, die – nach ihrem Tod – ihre Überreste ohne Grabstein und den kleinsten Hinweis auf ihre verblichene Existenz in eine Wiese stopfen lassen, dann muss es eine Gegenbewegung geben, die mit aller Verzweiflung um ihre ganz persönliche Bedeutung kämpft.

4. Berühmt für 15 Minuten

Zu diesem Zweck stürmt der Prolo, der bisher nichts Besonderes geleistet hat, als dass er einmal seinem besten Freund die Frau ausgespannt hat, die Nachmittags-Talkshows, in der Hoffnung, dass jemand registriert (und gar auf Video aufnimmt für die Nachwelt), er sei im Fernsehen gewesen; und der Schlagerfuzzi Bohlen lässt in seinem Namen eine Art Buch verfassen, in dem er, wenn schon nicht sich selbst, so doch wenigstens seinen gebrochenen Penis *verewigt*, der womöglich auch wirklich mehr Nachruhm verdient haben wird als der Mensch, der an ihm dranhängt. Wer dann mit diesem Bohlen auf Partys gesehen wird, oder Umgang mit seinem Friseur pflegt, hat beste Chancen, in einer Klatschkolumne gesichtet zu werden – und also auch dazuzugehören, irgendwie, wie lang auch immer.

Es war Andy Warhol, der bei Betrachtung der Szene gesagt hatte, heute habe jeder Mensch die Chance, für eine Viertelstunde berühmt zu sein. (Für sich selbst hat er an größere Zeiträume gedacht.)

Wenn das alles so ungefähr stimmen sollte – womit hätten wir es dann zu tun? Ist es wirklich vor allem ein Zeichen von Verfall, wenn alle berühmt werden können und dafür der alte Geniekult, die Heldenverehrung, der automatische Bückling vor dem Minister aus der Mode gekommen sind? Wieso sollen immer nur die einen Menschen um Autogramme gebeten werden und die anderen nie?

5. Gesucht: Vorbilder

Womöglich gibt es sogar ein Menschenrecht auf irgendeine Form von Besonderheit, vielleicht ist diese kleine Spielart von Ruhm eine Ressource, aus der sich jeder demokratisch sollte bedienen können, jedenfalls mit dem selben Recht, wie der besondere Herr Flick, der seinen Ruhm alleine der Tatsache verdankt, eines Tages in einem prominenten Wochenbett neben der richtigen Mutter aufgewacht zu sein. Flick zahlt wenigstens ungern Steuern, sonst wüsste man gar nicht, wieso er als Vorbild geeignet sein sollte. Vorbild ist allerdings ein Stichwort, ohne das man in diesem Zusammenhang nicht auskommt, gerade weil es ebenfalls nicht mehr gerne gebraucht wird. Wer heute junge Leute fragt, ob sie denn ein Vorbild hätten, erntet oft gerade noch ein ratloses Stottern, aus dem man dann vielleicht den Namen Albert Schweitzer heraushören kann oder den der Mutter Teresa, von der sie aber gelesen haben, sie sei doch sehr autoritär gewesen. Ansonsten sagt noch der Tennisspieler Tommy Haas, sein Vorbild sei immer Boris Becker gewesen, aber da muss man Angst haben, dass es schon wieder um Steuervermeidung geht.

Könnte es da nicht doch so sein, dass etwas nicht mehr stimmt in einer Gesellschaft, wenn sie immer weniger Vorbilder hat, oder eben die falschen? Mindestens ist die Sorge berechtigt, dass die Maßstäbe massiv verschoben sind, wenn sich zeigen sollte, dass eine große Zahl von Fernseh-Konsumenten Verona Feldbusch für berühmter hält als den Papst, weil die auch viel besser aussieht als der und viel öfter in *Bild* gewürdigt wird. Es ist aber auch denkbar, dass wir da viel zu schwarz sehen: Es ist auch ein großer Trost, dass Millionen junger Menschen in allen Teilen der Welt immer wieder zu diesem alten kranken Mann pilgern, dessen Gebete sie kaum noch akustisch verstehen können. Gibt es am Ende doch so etwas wie eine Wünschelrute in uns, die uns unterscheiden lässt zwischen Prominenz und der festen Gewissheit, dass da jemand buchstäblich sein Leben einsetzt für die große Botschaft von der Erlösung des Menschen vom ewigen Tode?

Also? Also erinnern wir uns vielleicht doch mit einer gewissen inneren Rührung an die Trauerfeierlichkeiten für den ruhmreichen Franz Josef Strauß, der nicht nur ein manchmal gefährlicher, manchmal genialer Politiker war, sondern vor allem ein interessanter Mensch mit tausend Widersprüchen. Wer da bewegt am Straßenrand stand (oder Blumen niedergelegt hat für die tote Diana vor der Westminster Abbey), der hat das womöglich gar nicht deshalb getan, weil da ein Prominenter zu Grabe getragen wurde, sondern weil solche Gelegenheiten eine gute Chance sind, darüber nachzudenken, was von Menschen bleibt nach ihrem Tod, und was von ihrer Berühmtheit schon sehr bald in der Abteilung Tand abgelegt sein wird. Wenn das aber so ist, ist vielleicht sogar unser eigener Kampf gegen die Vergänglichkeit noch nicht verloren, obwohl es uns noch immer nicht gelungen ist, ein einziges Mal zum Prominenten-Stammtisch des Käfer-Oktoberfestzelts eingeladen zu werden und auf diese Weise berühmt zu werden.

Ob uns in der Praxis sehr viel mehr Prominenz gelingen wird, ist wieder eine andere Frage, genauso wie die, wie viel Kraft wir sinnvollerweise einsetzen sollten im Kampf für unseren Nachruhm. Es war Oscar Wilde, ein früher Andy Warhol, der formuliert hat, jedermann werde *als König geboren: und die meisten sterben im Exil – wie so viele Könige.*

Wilde starb nicht im Exil, er wurde nur ins Gefängnis geworfen. Das hat ihn dann noch einmal berühmter gemacht.

Samstag/Sonntag, 2./3. November 2002

Angst und gute Laune

Die folgende kleine Geschichte musste ich ein wenig verfremden, sonst kriegt derjenige (diejenige?), dem sie passiert ist, noch mehr Ärger. Sie ist aber ohnehin nicht so sehr als Einzelfall interessant, sondern vielmehr als Teilstück eines groß angelegten Versuchs: Wie wir immer gnadenloser werden, dabei aber gut gelaunt bleiben.

Es war also so, dass zehn Jahre lang ein junger Mensch in einer Firma gearbeitet hatte, offenbar zur allgemeinen Zufriedenheit, sonst hätte man ihn nicht vor zwei Jahren, da war er Mitte 30, zum Chef der wichtigsten Abteilung des Unternehmens gemacht: 80 Leute hatte der junge Mensch nun unter sich, auch ein gewisser Erfolg bei der Herstellung des Produkts blieb nicht aus, obwohl ihm immer klar war, dass auch seine Branche einmal in die Krise geraten könnte und der Unternehmer dann oft einen leitenden Angestellten braucht, der an allem schuld ist. Trotzdem durfte sich unser junger Mensch recht sicher in seinem Sessel fühlen, hatte es doch in all den Jahren nie ein kritisches Wort aus der Chefetage gegeben, schon gar keine Abmahnung, die würde auch nicht gepasst haben in die gut gelaunte Firma, in der man einander mit Vornamen anredete und abends, nach den vielen unbezahlten Überstunden gemeinsam auf einen *Absacker* ging.

Der entscheidende Abend war dann nicht so fröhlich. Der oberste Manager, ziemlich neu in der Firma, bestellte seinen wichtigsten Mitarbeiter zu sich, aber statt einer

Gehaltserhöhung oder wenigstens eines Strategiepapiers über den künftigen Weg des gemeinsamen Produkts, gab es eine sehr überraschende Mitteilung: Er sei mit sofortiger Wirkung gekündigt, seinen Schreibtisch dürfe er noch aufräumen, eine Abschiedsparty für die Kollegen aus vielen Jahren sei allerdings nicht erwünscht. Eine Begründung für die Kündigung? Ach so ja, die gab es auch: Dem jungen Chef habe es leider am Durchsetzungsvermögen gefehlt. Im Klartext heißt das wohl: Er hat nicht mit der nötigen Unbefangenheit die Axt gegen seine Mitarbeiter geschwungen, nicht selber genug von ihnen auf die Straße gesetzt. Diese Unbefangenheit aber ist inzwischen das Markenzeichen des Turbo-Kapitalismus geworden: Man zahlt gut, findet sich gegenseitig toll, so lange bis man aus übergeordneten Gründen die Rasierklingen an den Ellenbogen ausfahren muss. Das ist dann aber nicht persönlich gemeint. Und wenn, dann nur in dem Sinne, dass der Herauswerfer persönlich ein paar Pluspunkte braucht für die eigene Personalakte, Stichwort Durchsetzungsvermögen.

Dies ist jetzt kein Plädoyer gegen Kündigungen; ich verstehe schon auch, dass es manchmal nicht anders geht, wenn die Alternative der Bankrott wäre. Nicht verstehen kann ich allerdings, warum in schwierigen Zeiten offenbar die simpelsten Grundlagen eines zivilisierten Umgangs miteinander außer Kraft gesetzt werden müssen: heute Freunde, morgen Feinde, und Humanität ist eine Vokabel aus dem Wörterbuch des Doof-Menschen.

Wie arbeitet es sich eigentlich unter solchen Bedingungen, wie bekommt man noch gute Leute, wenn sie wissen, dass sie mit der Unterschrift unter den Anstellungsvertrag ein Ticket für den Kopfsprung in den Krokodilteich erwerben? Vielleicht nützt im Umgang mit den Bestien ja der Rat, den Frédéric Beigbeder in seinem genial-bösen Buch über die Werbebranche *(39,90)* gegeben hat: »Ich schreibe dieses Buch, um gefeuert zu werden. Wenn ich selbst gehe, gibt es kein Geld. Ich muss den Ast absägen, auf dem mein Komfort sitzt. Meine Freiheit heißt Arbeitslosenversicherung. Ich werde lieber von der Firma entlassen als vom Leben... Denn ich habe ANGST.«

Manche Leute bringen sich ja um aus Angst vor dem Tod. Aber ist Angst nicht überhaupt ein prima Motto für das beginnende dritte Jahrtausend? Wir müssen halt nur weiter gut drauf sein.

Dienstag, 12. November 2002

Planet der Affen

Den Zeitungen fehlt Geld, den Sendern fehlen Ideen, der Politik fehlt Anstand. Am Ende verblöden wir wenigstens alle gemeinsam

Eine Reise durch die deutsche Medienwelt des Jahres 2002? Nichts lieber als das – aber mit welchem Verkehrsmittel? Geisterbahn wäre nicht schlecht, da wäre man schnell umringt von unheimlichen Phänomenen: zerlumpten Glücksrittern, die aus den Ruinen verrotteter Sender starren, von Steckbriefen, auf denen untergetauchte Start-Up-Genies gesucht werden, von Gefängnissen, in denen der versoffene Sheriff einen Hochstapler aus der *Kinowelt* bewacht. Irgendwann möchte man wieder weg, das ist aber bei laufenden Geisterbahnen nicht ungefährlich.

Man könnte auch mit dem Transrapid fahren: Bei dem Tempo kann wenigstens niemand erkennen, ob und wann sich gewisse Investitionen in Sender und Programme rentieren oder wann der Gerichtsvollzieher kommt. Vielleicht gehe ich doch besser zu Fuß, da lassen sich leichter die Wegelagerer erkennen: Die Politiker, zu deren höherer Ehre die Medien erfunden worden sind; oder PR-Strategen, die manche Recherchen verhindern wollen; oder solche, die dafür sorgen, dass Zeitungen, die etwas schreiben, was der Lufthansa nicht gefällt, mit dem Entzug von Bord-Exemplaren bestraft werden.

Es flutscht doch

Aber gehen wir der Reihe nach vor und vergleichen die Reise-Eindrücke des Jahres 2002 mit denen längst vergangener Zeiten – also des Jahres 2001. Was einem zuerst auffällt, ist die Krise im elektronischen Journalismus, auch wenn es nur zum Teil mit Journalismus zu tun hat, womit bei *RTL II* oder *Vox* Geld verdient wird, zu schweigen von ganzen TV-Geschäftsfeldern, auf denen es darum geht, Goldketten zu verkaufen oder Dominas erst an sich herumspielen zu lassen, bevor sie dem Betrachter am Telefon was vorstöhnen. Eine gute Geschäftsidee: Hat man nicht dieser Tage lesen dürfen, dass in den ersten neun Monaten des Jahres 495 375 Sex-Spots mit kostenpflichtigen Telefon-Hotlines ausgestrahlt wurden, was den Anbietern – an erster Stelle *neun live* und *DSF* – mit 52 Millionen Brutto-Umsatz belohnt wurde? Da sage noch einer, dass die deutschen Medien in der Krise seien, wo es doch an gewissen feuchten Stellen richtig flutscht. (Man versteht jetzt auch besser, warum E. Stoiber verbissen dafür kämpft, dass die Werbeeinnahmen nur den Kommerz-Sendern zugute kommen: die müssen ihren gesellschaftlich wichtigen Programmauftrag erfüllen.)

Davon abgesehen würde der mähliche Niedergang der Privatsender die deutsche Medien-Landschaft verändern, und vieles, was ringsherum gedeihen soll. Gerade laufen da drüben ein paar traurig dreinschauende Star-Fußballer am ebenso betrübten Publikum vorbei, man erkennt sie kaum wieder. Früher hat der Journalismus über die Ereignisse berichtet, wie sie eben waren, und wenn eine Mannschaft keine Tore schoss, dann war das schlecht für sie und sonst niemanden. Heute kann man als Zuschauer immer weniger sicher sein, wer jetzt gerade über die Sendeplätze, über die Gäste im Studio, vielleicht auch über die Ergebnisse entscheidet.

Es kommt halt auf die Quoten an, deshalb wird es auch nicht mehr lange dauern, bis der DFB die Anregung des Stuttgarter Managers Rüssmann aufgreift, und auch das Kaffeetrinken des FC Bayern live überträgt.

Heute sind die Objekte der Berichterstattung und ihre Subjekte, die Clubs und die Sender, die Rechte-Inhaber und die Rechte-Bezahler so hoffnungslos ineinander verknäult, dass sie eines Tages – wenn alles den Bach heruntergeht – nur noch gemeinsam ertrinken können. Übrigens haben das die meisten Beteiligten schon kapiert, außer den Gewaltigen der *ARD*, die es immer noch für eine tolle Idee halten, wenn sie einem rhetorisch mittelmäßig begabten, begrenzt charismatischen Ex-Profi – der schon bei der Vermarktung der Lizenzen seinen Reibach macht – bei jedem einzelnen Auftritt rund 50 000 Euro dafür bezahlen, dass er in der Halbzeitpause eines Länderspieles sagt, dass die deutsche Mannschaft zu wenig gelaufen sei oder so. Wenn das Modell Netzer Schule macht, ist die *ARD* schneller bankrott, als die Bayern aus der Champions-League gepurzelt sind.

Was die Kommerzsender angeht, so hätte ja jeder Laie sehen können, wie die in ihr Unglück gestolpert sind in den letzten Jahren. Es war das Unglück von Spielern: Sofern es sich um Poker gehandelt hat, ahnte jeder Kibitz, dass unter dem Tisch im Salon Kirch schon lange die Pistolen gezogen wurden; war es aber Monopoly, dann sollten sich die Beteiligten nicht wundern, dass ihnen weder die Schlossallee noch die Turmstraße gehört, und dass man, als Bank, nicht mal mehr Hypotheken-Zinsen bekommt.

Inzwischen sind ein paar schöne Spieltische umgekippt – und als danach Monate lang versucht wurde, neue Partien zusammenzustellen, hofften viele, dass das dieses Mal ein wenig seriöser versucht würde als zuletzt. Der Reisende nimmt zur Kenntnis, dass davon keine Rede sein kann. Wer da mit wem spielt, welche Konstellationen Sinn machen, das war offenbar eine Frage, die täglich neu beantwortet werden konnte. Anscheinend war es wurscht, ob sich Ringier bei der Kirchschen Konkursmasse bedient oder Springer oder Heinrich Bauer oder vielleicht die Bayerische Hypo für wieder andere Interessenten.

Vor allem dem Publikum war es wurscht, das von alledem immer weniger wissen wollte: Es kann ihm egal sein, welcher Mehrheitseigentümer jeweils die Schwester Stefanie an sein virtuelles Krankenbett schickt, den Programmverantwortlichen ist es ja auch egal. Jedenfalls ist mir wieder eingefallen, wie vor Jahren ein paar *SZ*-Redakteure dem damaligen *RTL*-Chef Helmut Thoma das Niveau einer Krankenhaus-Serie vorgehalten haben: »Aber des is doch net für mich, mir muss das doch nicht gefallen«, hat er mit lautem Gelächter gerufen. Früher nannte man das entfremdete Arbeit.

Davon abgesehen muss man neuerdings den Eindruck haben, dass manche Herrscher über die elektronischen Traum- und Albtraumfabriken ihr Handwerk immer weniger beherrschen. Früher habe ich bei Gelegenheiten dieser Art immer voller Empörung den alten CLT-Vorsitzenden Gaston Thorn zitiert, der gesagt hatte, die Medien seien *ein Geschäft wie jedes andere und nichts sonst;* wir Idealisten hatten damals gehofft, es müsse einen Unterschied geben zwischen der Herstellung von Dachpappe, von der in der Verfassung weniger die Rede ist, und der Produktion von »Meinungen in Wort, Schrift und Bild«, die unter dem Schutz des Artikel 5 des Grundgesetzes stehen. Inzwischen wäre man froh, wenn mancher Sender mit dem Ernst seriöser Dachpappen-Hersteller geführt würde. Dann gäbe es nicht so viele Junge, die das alles jetzt ausbaden müssen.

Nun aber zu einem kleinen Zwischenstop, mit überraschend erfreulichem Ausblick. Während einige Kommerz-Ruinen noch trostlos herumstehen und an anderen Häusern der Putz bröselt, blüht neues Leben aus den Ritzen. Wie es scheint, lassen sich Kreativität und Leidenschaft so einfach doch nicht ausmerzen von den simplen Geldverdienern. Jedenfalls hat es Gründe, dass ein intelligenter Quizmaster wie Jauch – der eben vor allem Journalist ist mit Allgemeinbildung und Witz – seinen großen Erfolg bei *RTL* hat und nicht bei der *ARD*, wo die Quizfragen von einem netten jungen Mann abgefragt werden, dem so gut wie nie ein origineller Satz einfällt, woraufhin die *ARD* sagt, der Herr Pilawa sei eines ihrer Markenzeichen.

Im Übrigen ist es schlicht eine medienkulturelle Sensation, dass sich *Sat 1* nun schon so lange jemanden wie Harald Schmidt leistet. Wenn man erlebt, wie sich der Mann Abend für Abend über seinen Sender lustig macht, Lotto-Scheine ausfüllt oder in sehr schlechtem Französisch seine Programmdirektoren in die Verzweiflung moderiert, dann glaubt man plötzlich wieder an die Kraft der Anarchie.

Bei den Öffentlich-Rechtlichen hat die eher selten eine Chance: Dort hält man es für eine Revolution, wenn beim *Musikantenstadl* Marianne und Michael fehlen.

An dieser Stelle meiner Reise würde ich nun gerne die flammende Verteidigungsrede für das Öffentlich-Rechtliche System halten, wenn sie einem nicht immer schwerer gemacht würde. Dabei bin ich Kummer gewohnt, ich komme schließlich aus Bayern, wo von Anfang an die herrschende Partei gewusst hat, dass der Rundfunk des Landes ihr gehört, samt allen interessanten Posten. Daran hat sich zwar nichts geändert – erst kürzlich wurde beim dortigen Fernsehen eine junge Dame Hauptabteilungsleiterin für Kultur, deren CSU-Vater im Fernsehrat des *ZDF* viele Jahre dafür gesorgt hat, dass die Anhänger der Weltrevolution, also der Sozialdemokratie, nicht Intendant werden konnten und nicht Programmdirektor, aber möglichst auch nichts anderes. So ist das in der schönen neuen Medienwelt: Die einen haben die richtigen Verwandten, die andern haben vor 33 Jahren bei einer Wählerinitiative für Brandt unterschrieben, und kommen nicht mehr in Frage. Das hätte sich Herr Janke früher überlegen müssen.

Der Herr Spezialist Söder

Vor meinem Reiseantritt hatte ich noch gedacht, das alles sei kein Thema mehr, weil die Parteien inzwischen auch selbst gemerkt haben müssten, wie sehr sie an Bedeutung verloren haben, dass die Zuschauer die politischen Magazine weiträumig umsurfen, wenn es eine Chance gibt, woanders den *Bullen von Tölz* zu sehen. Die Geringschätzung der Leute ist mit Händen zu greifen, und umso grotesker ist es, wenn sich die Geringgeschätzten ihre Wichtigkeit beweisen müssen, indem sie sich als Personalchefs und Programmverantwortliche gebärden, ohne von der Branche mehr zu verstehen, als dass man da Leute unterbringen kann.

In den letzten zwölf Monaten sind die Machtspiele noch brutaler und unangenehmer geworden. Schon aus Protokollgründen muss an dieser Stelle die Taschenlampe des Reisenden auf einen gewissen Herrn Söder gerichtet werden, der als Beruf Redakteur des *Bayerischen Fernsehens* gelernt hat, aber jetzt CSU-Abgeordneter im Landtag und Vorsitzender der Jungen Union in Bayern ist: Er ist ein so genannter Medienpolitiker und wird jetzt dadurch berühmt, dass er den mit Abstand fähigsten Kandidaten für das Amt des *ZDF*-Programmdirektors mit verhindert hat. Wozu das führt? Zur Verschärfung der Glaubwürdigkeitskrise, unter der wir immer mehr zu leiden haben. Die Leute glauben der *Journaille* und den *Fernsehfuzzis* sowieso immer weniger; sie registrieren, dass inzwischen die seriösesten Presse- und Fernsehanstalten mitarbeiten an der Umkehrung der Wichtigkeiten, so dass man sich darauf verlassen kann, dass für einen Kindsmord ein bis drei *ZDF-Spezials* oder *ARD-Extras* ins Programm genommen werden, auch wenn es keine neuen Erkenntnisse zu melden gibt. Klar, zu später Abendstunde werden auch mal Hintergrundberichte über

Tschetschenien gesendet. Aber die Regel ist, dass – wenn es irgendwie geht – schon die Spitzenmeldung der *Tagesschau,* bevor Herr Müntefering und Frau Merkel aufeinander einschimpfen dürfen, den 27. WM-Sieg hintereinander von Herrn Schumi verkündet, welcher freilich – es ist Sonntagabend – gerade zuvor im *Sportschautelegramm* mit denselben Bildern verkündet worden war. Die Regel ist, dass Politik nicht annähernd so wichtig ist wie ein Besuch des Steuerhinterziehers Becker bei seinem Freund Beckmann, die Regel ist, dass bei Johannes B. Kerner Frau Feldbusch das Buch ihres Ex-Mannes Bohlen und sich selbst und Herrn Kerner promoten darf. Politik findet in den dafür vorgesehenen Talkshows statt, mit immer den selben Gästen. Aber so wichtig ist bestimmt nichts wie das DFB-Viertelfinal-Pokalspiel zwischen Offenbach und Cottbus, für das sich die Öffentlich-Rechtlichen drei Stunden Zeit nehmen, damit kein Kommentar eines Ersatzspielers ungesendet bleibt.

Die Leute sind nicht dumm genug, um nicht zu merken, dass die Oberflächlichkeit zum Programmprinzip gemacht wird. Sie erkennen die immer größer werdende Kluft zwischen Anspruch und Wirklichkeit. Die Wirklichkeit sind Kerner, Feldbusch und Bohlen, der Anspruch aber wäre so etwas wie Aufklärung, wäre – wenn das noch erlaubt ist – die Suche nach der Wahrheit. Wenn den Journalisten der Wille dazu eines Tages nicht mehr abgenommen wird, dann werden die Menschen nur noch Horror-Filme gucken, da wissen sie wenigstens, dass die Zombies nicht echt sind. Wer seine eigenen Ansprüche verrät, sägt an dem Ast, auf dem viele noch lange sitzen wollen. Für manipulativen, oberflächlichen Journalismus gibt es dauerhaft keinen Bedarf.

Was bleibt inmitten dieses traurigen Szenarios? Die Qualitätspresse, würde ich gerne sagen, wenn meine Reisegenossen nicht gleich so erschreckt schauen und darauf verweisen würden, dass die großen deutschen Journalisten – Nannen, die Dönhoff und nun auch Augstein – alle nicht mehr leben. Wer von den noch Lebenden die anderen Gründe für die neue Krise erläutern wollte, würde ohne Selbstkritik nicht auskommen. Die müsste dann davon handeln, dass wir alle – die Verleger, die Manager, die Journalisten – die letzten Jahre hindurch blind durch die Landschaft gelaufen sind. Wir haben gedacht, es müsse immer so weitergehen wie bisher, gingen davon aus, dass die Anzeigen, mit kleinen Schwankungen, auf ewig weiter in den bewährten Zeitungsrubriken gedeihen würden. Als gäbe es kein Internet, aber ein Grundrecht darauf, dass die *FAZ* ihr Feuilleton mit 70 Redakteuren machen und dass die *SZ* mit ihr rangeln müsste um die berühmtesten Kollegen.

Huch, teuer!

Ironischerweise ist diese Illusion ausgerechnet in Zeiten geplatzt, in denen Zeitungsmacher wie Zeitungsleser das Gefühl haben konnten, dass noch nie so viel guter Journalismus gelungen ist. Nach dem 11. September 2001 waren es vor allem die Qualitätszeitungen in aller Welt – von der *New York Times* über den *Manchester Guardian,* von der *FAZ* bis zu *Süddeutscher* und *Spiegel,* die mit oft brillanten Artikeln geholfen haben, die schreckliche neue

Welt zu verstehen. Unglücklicherweise stellte sich dann heraus, dass Qualität viel Geld kostet, dass man Arundhati Roy oder Susan Sontag oder Moshe Zimmermann nicht umsonst bekommt.

Aber halt – man sollte gar nicht erst auf Reisen gehen, wenn das die Depression nur schlimmer macht. Ich steige deshalb jetzt einen Berg hinauf und verkünde die frohe Botschaft: Es gibt, je verwirrender die Zeiten sind, je mehr die Welt in ihre zehntausend Bestandteile fällt, einen gesellschaftlichen Bedarf nach seriöser, umfassender Information, nach Medien, die im Nebel sich als Leuchttürme und Klammern der Gesellschaft bewähren können. Wenn es aber diesen Bedarf gibt, gibt es auch eine Nachfrage, und weiterhin ein vernünftiges, bezahlbares Angebot. Es wäre ja absurd, wenn sich herausstellte, dass zu viel Qualität die Qualitätszeitungen in den Ruin treiben würde.

Noch müssen wir alle zu balancieren lernen auf dem Grat zwischen Sparen und Investieren in Qualität. Wir inserieren also schon mal im Anzeigenteil einer guten Zeitung unseren Wunsch nach soliden Wanderschuhen.

Samstag/Sonntag, 16./17. November 2002

Unter Bayern

Manchmal überlege ich mir, was so ein Leben unter Bayern eigentlich ausmacht. Dann fallen mir meine eingeborenen Lehrer ein, meine liebsten Biersorten, die hiesigen Kunstgenüsse. Und die Partei, die mich seit 40 Jahren regiert. Wenn man im Archiv die Zeitung vom 26. November 1962 bestellt, findet man auf der ersten Seite eine Überschrift, die seither für immer im Stehsatz aufbewahrt wird, weil sie jedes zweite Jahr zum Einsatz kommt: Sie heißt natürlich: *absolute Mehrheit der CSU in Bayern.*

Das Ganze hat gewiss eine gewaltige historische, gesellschaftliche, abendländische Dimension, aber eine sehr persönliche für mich hat es auch. Es geht nun mal nicht spurlos an einem Menschen vorüber, wenn in seinem Heimatlande immer dieselben regieren und die immer selben Opponierenden wissen, dass sie das noch ganz lange bleiben werden. Und was ist die entscheidende Wirkung, die dieser Umstand in mir ausgelöst hat? Ein tiefes Gefühl der Dankbarkeit, was sonst.

Ach, was hätte alles in meinem Leben gefehlt, wenn es nicht die CSU gegeben hätte – ich brauche mir nur die Kabinettsriege des Jahres 1962 anzusehen. Alfons Goppel ist dabei, dem die Welt den Thomas Goppel zu verdanken hat, daneben Theodor Maunz, jener Kultusminister, der im Alter seine Treue zum Führer wiederentdeckt hat, aber auch der Hitler-Gegner Alois Hundhammer, der – wie Thomas Goppel – unsere Sittlichkeit gegen Schwule und Opernkomponisten verteidigt hat. Das ist nämlich das Geheimnis der CSU: Dass alles in ihr Platz hat – das Reaktionäre und der Fortschritt, die Frömmigkeit und die Libertinage, der Einsatz für die kleinen Leute und der für den FC Bayern, den manche nicht ohne Grund mit der CSU verwechseln. (Seit 40 Jahren Deutscher Meister? Fast.)

Dafür also bin ich meiner Staatspartei dankbar: Für den Halt, den sie mir gegeben hat in unruhigen Zeiten; für die Chance, dem Ruhm der Tandlers und Streibls aus der Nähe beim Bröckeln zuzuschauen. Und vor allem dafür: Tausendmal über Strauß geschrieben haben und nun sehen zu dürfen, wie sich seine besten Eigenschaften – Selbstbegeisterung, Machttrieb, Erwerbssinn – bei Kindern und Erben fortpflanzen. Das ist ein Privileg, um das einen die Kollegen von anderswo seit langem heftig beneiden.

Zu Unrecht! Ob wohl schon mal untersucht worden ist, wie viel Verdienste gerade uns Journalisten dafür gebühren, dass die CSU (Kreuth! Defiliermarsch!) 40 Jahre hindurch ein ständiges Thema in Deutschland war?

Das war aber jetzt keine Bewerbung um eine Ehrenmitgliedschaft.

Samstag/Sonntag, 30. November/1. Dezember 2002

Auftakt der Serie 50 Jahre Deutsches Fernsehen:
Als kleinste Tabubrüche das Land noch in
kollektive Erregung versetzten

Spielwiese mit nur wenig Sumpfblüten

Über Herausforderungen, Highlights und dicke Bäuche – Streifzug mit Hans Abich durch eine Vergangenheit, in der es nicht nur um Quoten ging

Dieser Dezember-Montag ist lang und anstrengend gewesen für den alten Herrn, der seit einer frühen Kinderlähmung selten ganz gesund war; jetzt, nachdem der endlos fragende Besuch endlich weg ist, könnte er sich zur Entspannung vielleicht ein wenig zurückziehen vor den Fernsehapparat. Oder lieber doch nicht, wenn er bei guter Laune bleiben möchte? Einerseits sieht der Mann durchaus regelmäßig fern, schließlich war er über viele Jahrzehnte hinweg einer der wichtigsten Fernseh-Menschen, da interessiert man sich einfach dafür, was die ehemaligen Kollegen so ins Programm hieven. Andererseits wird ihm schon schlecht, wenn er nur sieht, dass die *ARD* an diesem Montag zur besten Sendezeit wieder einmal eine so genannte Schlagerparade der Volksmusik anbietet. Gott sei Dank gibt es um 21 Uhr 45 die Familie Boro zu sehen, wie sie in ihrem Schwarzwaldhaus den Widrigkeiten vergangener Zeiten die Stirn bietet: »Die habe ich dann noch bis zum Beckmann begleitet«, sagt am Telefon tags darauf

der alte Herr, der sich – in seinem eigenen Schwarzwaldhaus – an diesem Tag wieder ein wenig versöhnt hat mit
dem deutschen Fernsehen, wie es nun einmal ist.

Es ist dies übrigens eine erfreuliche Nachricht für das
Fernsehen und alle, die damit zu tun haben: Hans Abich,
so heißt der alte Herr, war viele Jahrzehnte Programmdirektor in Bremen, dann dortselbst als Intendant beschäftigt, später in München als Programmdirektor der
gesamten *ARD*; da wäre es ganz schön traurig, wenn ausgerechnet ein paar Tage vor dem 50. Geburtstag des deutschen Fernsehens einer seiner Protagonisten auf Befragen
nichts mehr mit ihm zu tun haben wollte. Aufschlussreich
wäre es ja auch – und weil es das ist und weil er nicht mehr
so gerne verreist, haben wir ihn besucht in seinem Dorf
Bollschweil, nahe Freiburg, in das er sich seit ein paar Jahren zurückgezogen hat. Haben ihn besucht, um von einem
besonderen Kronzeugen zu erfahren, wie denn von den
Gründervätern dereinst das deutsche Fernsehen gedacht
war, und was daraus seiner Meinung nach geworden ist.

Als alles anfing in Hamburg, am ersten Weihnachts-
feiertag des Jahres 1952, war Abich noch nicht mit an der
Wiege gestanden; eher schaute er – ein wenig misstrauisch, ein wenig neugierig – von der Seite auf das Neuge-
borene, das da lag im Stall des *Nordwestdeutschen Rund-
funks* und sich gruselte, als gleich zu Sendebeginn ein
überaus schmalziges Stück gesendet wurde mit dem Titel
Stille Nacht. In jenen Tagen arbeitete Abich noch als Film-
produzent in Göttingen, in welcher Eigenschaft er Wolfgang Borcherts *Draußen vor der Tür* als Film auf den Weg
gebracht hatte oder auch die *Nachtwache* mit Dieter Bor-

sche. Wenn er sich damals mit Kollegen zu einer Konferenz versammelte, dann sagte immer einer der Anwesenden gegen Ende der Debatte, nun müsse man dringend auch über das Fernsehen reden, weniger als 25 000 Mark dürfe man keinesfalls verlangen, wenn man den TV-Leuten einen Film verkaufe. Ansonsten war das Fernsehen für den Filmproduzenten Abich ein konkurrierendes Medium, von dem er nicht so recht wusste, ob er sich vor ihm vor allem fürchten müsse.

Als Privatmann war der gerade 34-jährige Hans Abich weniger furchtsam als fasziniert, als er sich im Juni 1953 die Nase am Schaufenster eines Elektrogeschäfts platt drückte, in welchem man die englische Elisabeth sehen konnte, wie sie sich krönen ließ. Noch hätte man ihn und die anderen Plattdrücker an den Fingern von hundert Händen abzählen können; ein Jahr später waren es dann schon 11 658 Menschen, die sich einen Fernsehapparat gekauft hatten; und wieder ein paar Jahre danach gehörte auch Hans Abich zu ihnen; noch heute erinnert er sich, wie das war, wenn jemand abends zu Besuch kam: Man bat den Gast, mit dem Finger auf den Lippen, still hereinzukommen und lautlos sein Essen einzunehmen, immer ein Auge auf den Bildschirm gerichtet.

Eines Tages war dem Produzenten Abich das Filme-Produzieren – so erfolgreich er zusammen mit Partner Rolf Thiele *Wir Wunderkinder* produziert hatte oder *Königliche Hoheit* – zu nervenzerschleißend, und da traf es sich gut, dass die Konkurrenz bei ihm anfragte, ob er nicht nach Bremen kommen und dort Filmberater werden wolle. Es dauerte nicht lange, bis er – überdurchschnittlich intelligent und lebenserfahren – in der Hierarchie aufstieg, als Programmdirektor von *Radio Bremen*. Danach konnte er von ziemlich weit oben beobachten, was das neue Medium aus dem Land machte. Und konnte sein Stück dazu beitragen, dass dem Land die Veränderung nicht allzu schlecht bekam.

Die Arbeit im neuen Medium muss ihm ziemlich viel Spaß gemacht haben in der ersten Zeit: Man hatte ein überschaubares Publikum, bei dem man davon ausgehen durfte, dass es umfassend informiert und niveauvoll unterhalten werden wollte. Nicht, dass es bei den Verantwortlichen immer nur lustbetont zuging, schließlich bestand die Beschäftigung bei der *ARD* für die oberen Ränge großenteils in der Anwesenheit bei Konferenzen. Einerseits, erzählt Abich, sei das manchmal so langweilig gewesen, dass der Kollege Münster vom *Bayerischen Rundfunk* sich die Zeit in den Gremien damit vertrieb, einen Roman zu schreiben, während alle dachten, er mache sich eifrig Protokollnotizen. Andererseits waren unter den Sitzungsteilnehmern in den ersten Jahrzehnten viele originelle Persönlichkeiten – der Programmdirektor Hans Lange zum Beispiel vom *WDR* oder der bayerisch-dickköpfige Intendant Wallenreiter oder der melancholische Choleriker Dieter Gütt. Der seinem Chef Abich einmal mit einem einleuchtenden Argument die Idee kaputtmachte, die *Tagesthemen* zusammen mit den Kollegen Müggenburg und Stephan auch mal im Herumlaufen zu moderieren: Die drei Herren standen wortlos auf und verwiesen traurig auf ihre dicken Bäuche.

Insgesamt waren vor allem deshalb gute Zeiten, weil in

den Konferenzen ganz wenig über Einschaltquoten diskutiert wurde, dafür umso mehr über Inhalte und über die
Frage, welcher Politiker am Vortag von *Panorama*-Merseburger oder von dem fromm-linken Franz Alt am
schlimmsten beleidigt wurde. Es waren das nämlich die
Jahre, in denen die politischen Fernseh-Magazine, inklusive dem *ZDF-Magazin* des Gerhard Löwenthal, der Nation ihren Gesprächsstoff lieferten; die Jahre auch, in denen mit der Fernseheinrichtung Schillerscher Dramen
Kulturgeschichte geschrieben wurde, und in denen die
kleinsten Tabubrüche das Publikum genauso verunsicherten wie die Fernsehleute selbst. Als zwei Schwule einander küssten in Wolfgang Petersens Fernsehspiel *Die Konsequenz*, wandelte der *Bayerische Rundfunk* kollektiv am
Rande des Herzinfarkts; und als sich eine Dame namens
Helga Götze live – und heftig für die freie Liebe plädierend – in einer Talkshow ihrer Bluse entledigte, kämpfte
halb Deutschland mit seiner Erregung.

Im Anschluss an solche Auseinandersetzungen gab es
dann regelmäßig jene Personaldebatten, für die das deutsche Fernsehwesen weltweit berühmt ist. Abich selbst
wurde in einem solchen Zusammenhang auch wieder ein
Stück berühmter als er ohnehin schon war in seinen Kreisen: Das war, als ihm der amtierende *ARD*-Vorsitzende
Werner Heß einen Kollegen als Koordinator aufschwatzen
wollte, obwohl er für solche Personalien keineswegs zuständig war. Abich mochte das nicht, und als Heß ihm deswegen Vorhaltungen machte, sagte Abich, der außer mit
großer Liebenswürdigkeit auch mit einer gelegentlich
spitzen Zunge ausgestattet ist, er lasse sich aber »von nie-

mandem einen Koordinator ins Bett legen«. Daraufhin wollte Heß erst seinen Vorsitz niederlegen, war dann aber doch damit zufrieden, dass der Vorgang an eine Kommission überwiesen wurde. Da lag er dann mehr als ein Jahr, bis der Sand alle Spuren verwischt hatte.

Im Sturm der Debatten

Demokratie, zeigte sich in solchen Fällen, ist eben schwierig, vor allem wenn sie auch noch föderalistisch exekutiert werden muss. Auf der anderen Seite war es für das Fernsehen nur gut, dass es dieselben Probleme hatte, wie das Land ringsherum. Ohnehin bewegte sich ungefähr alles, was sich in der deutschen Gesellschaft bewegte, auch im Fernsehen – und oft hätte sich ohne das Fernsehen wenig bewegt. Viele unausgetragene Konflikte haben die TV-Gewaltigen in Atem gehalten und zu Entscheidungen gezwungen, auf die sie nicht vorbereitet waren: Plötzlich fand die Professorin Noelle-Neumann mit Hilfe ihrer Theorie der »Schweigespirale« heraus, dass Wahlerfolge der SPD den linken Vorlieben der Fernseh-Leute zu verdanken seien, die den harmlosen Bürger am Bildschirm so terrorisierten, dass der sich nicht mehr traute, CDU zu wählen. Abich stand als Programmdirektor mitten im Sturm solcher Ausgewogenheits-Debatten, die landauf, landab tausend Podiumsdiskussionen in Trab hielten. Oder die Beschäftigung mit der Nazi-Vergangenheit: Die wurde gelegentlich, stellvertretend für das Land, alleine im Fernsehen ausgefochten: Das war so, als man sich, gegen viel Widerstand, entschloss, die amerikanische Serie *Holocaust* zu senden, aber auch, als der Frühschöppner Werner Höfer gefeuert wurde, weil ihm der *Spiegel* ein paar üble Hetzartikel aus der Nazi-Zeit nachwies. Fast über Nacht wurde dem Höfer sein geliebter Frühschoppen genommen, obwohl doch alle Verantwortlichen der *ARD* die Vorwürfe gegen ihn schon seit Jahren kannten. (Aber er war halt so ein jovial-freundlicher Kollege, der in einer Konferenz mal gesagt hatte, solange Abich der Untermann sei, traue er, Höfer, sich jeden Sprung zu.)

Der genötigte Nothelfer

Besonders dramatisch bemächtigte sich im Jahre 1975 die gefährliche Außenwelt der insgesamt doch eher friedlichen Innenwelt der *ARD*. Das war, als die RAF den Berliner Parlamentspräsidenten Lorenz von der CDU entführt hatte und den Honoratioren der Fernsehanstalt nur allzu bewusst war, dass Lorenz ein ehemaliger Justitiar des *SFB* war, also ein Kollege, der da um sein Leben fürchten musste. Die Lorenz-Affäre war wahrscheinlich die größte Herausforderung, die der *ARD*-Programmdirektor Hans Abich zu bewältigen hatte: Die RAF-Leute hatten es zur Bedingung für die Freilassung des Entführten gemacht, dass sie im Fernsehen überprüfen könnten, ob die Gegenseite auf ihre Forderungen eingegangen war, ob also die Gefangenen auf freien Fuß gesetzt würden, von denen die Justiz wiederum erwarten musste, dass sie bald die nächsten Anschläge ins Werk setzen würden. Abich wusste, dass er es, wie immer er sich entscheiden würde, nur mehr oder weniger falsch machen konnte – und gab den Forderungen nach. Später zeigte sich, welch ein Segen es war, dass die *ARD* einen Intellektuellen und Moralisten an ihren Schalthebeln sitzen hatte, der in der Lage war, die Situation, in die man ihn da gebracht hatte, zu reflektieren. Die von Abich herausgegebene und zum großen Teil selbst verfasste Broschüre über »Das Fernsehen in der Rolle des genötigten Nothelfers« gehört noch heute zu den spannendsten Dokumenten nicht nur der deutschen Fernsehgeschichte, sondern der Geschichte des ganzen Landes.

Das sich durch dieses Fernsehen verändert hat, parallel zum Medium selbst. Wenn Hans Abich, 84 Jahre alt inzwischen, von seinem Idyll in der Provinz auf seine alte berufliche Heimat sieht, hat er eine Wiese im Blick, auf der – vor allem seitdem die private Konkurrenz nebenan ihre Plantagen errichtet hat – vermehrt Sumpfblüten in die Höhe schießen. Wenn er fernsieht, schwankt also seine Stimmung – je nachdem, ob vielleicht gerade seine Favoritin Martina Gedeck in einem Fernsehfilm zu sehen ist oder ob die öffentlich-rechtlichen Sender schon wieder in einem *ZDF-Spezial* oder einem *Brennpunkt* dieselben Nachrichten, die man soeben in der *Tagesschau* oder in *Heute* gesehen hatte, »in verdünnter Form«, wie er sagt, noch einmal servieren. Vieles, was ihn schon immer gestört hatte, ist ihm noch unangenehmer geworden: Inzwischen ärgert er sich, dass er nicht immer schnell genug wegzappen kann, wenn aus dem nächsten Krimi-Trailer das Blut und das Sperma in sein Wohnzimmer quellen. Noch mehr ärgert er sich über die immer noch wachsende Unverfrorenheit, mit der sich die Parteien die Funkhäuser krallen wollen; und über die Kollegen ärgert er sich, die mit Hilfe ihrer Partei Karriere machen. Er ist da empfind-

lich, seitdem ihm seinerzeit der *Spiegel* in mehreren Artikeln das Etikett »SPD-nah« so lange aufgeklebt hatte, bis
er sich das mit einem energischen Leserbrief verbat.

Davon abgesehen ist Hans Abich – sehr zerbrechlich geworden und sehr vital – ein fröhlicher Mensch. Wie schön
es sei, sagt er, dass er nun, im letzten Abschnitt seines Lebens, wieder da gelandet sei, wo er als Kind schon aufgewachsen ist: auf dem Land. Der Unterschied zu damals ist,
dass man nun im Fernsehen sehen kann, wie die Leute vor
100 Jahren gelebt haben. Als Abich jung war, hat man
noch selber gelebt.

Montag, 16. Dezember 2002

In einem frommen Land

Als in den vergangenen Wochen so viel vom christlichen Abendland die Rede war, zu welchem die irrgläubigen Türken in einem vereinten Europa einfach nicht passen wollen, habe ich sofort mit der Beweisaufnahme begonnen. Es war das der passende Zeitpunkt, schließlich steht Weihnachten vor der Tür, das allerchristlichste Fest, an dem auch dem Verstocktesten unter uns die Frömmigkeit ins Herz flutet. Wenn uns der Türke beim Feiern dieses Festes zusieht, wird er selber einsehen müssen, dass er nicht mit uns kompatibel ist.

Zur Probe aufs Exempel basteln wir uns jetzt schnell einen virtuellen Muselmann und stellen uns vor, was er in diesen Tagen unter uns so empfinden wird. Ob ihm vielleicht als Erstes der *Stern* ins Auge fällt, der diesmal ein echter Weihnachtsstern war? Er kann das daran erkennen, dass auf dem Cover der Illustrierten ein wundervolles Gemälde des Religionsstifters Jesus zu sehen ist. Wenn der Leser aus dem Morgenland dann freilich an die Titel-Geschichte des frommen Blattes gerät, dann … ja dann wird er einen Artikel lesen können, in dem der Autor seinen Titel-Helden erst einmal so richtig demontiert. (Sollte das unseren Türken überraschen? Er kann ja nicht wissen, dass aufklärerische Magazin-Artikel über den Schwindel der christlichen Botschaft bei uns schon lange zu Weihnachten gehören wie Ochs und Esel zur Krippe. Die *Spiegel*-Titelgeschichte heißt diesmal: »Die Erfindung Gottes«.)

Aber zurück zum *Stern* – was erfährt daraus unsere Versuchsperson? Zum Beispiel, dass Jesus ein »Landei« war, bei dem man sich schon wundern muss, warum ausgerechnet er sich »für den Erwählten gehalten hat«. Jesu PR-Erfolg, der schon mehr als 2000 Jahre anhält, kann sich der Autor des Beitrags nur mit »mehr oder weniger gekonnt konstruierter Propaganda« erklären, die den Mann von Anfang an ins rechte Licht gesetzt hat. Aber war da nicht etwas, erinnert sich vielleicht der Türke, mit Kreuzigung und Auferstehung? Ja, schreibt unser Gewährsmann, da hätten sich die Evangelisten »einen dramatischen Höhepunkt« für ihre Geschichte ausgedacht. Erst stocke dem Leser der Atem, weil er schon denke, es gebe »für den Helden kein Entrinnen mehr«. Aber dann. »Immer wenn du denkst, es geht nicht mehr, kommt von irgendwo ein Lichtlein her – im Neuen Testament heißt das Happy End Auferstehung und Himmelfahrt.«

Lustig, nicht wahr, aber so ist das eben zurzeit mit dem Fundament unserer Traditionen. Das ist übrigens gar nicht so neu-heidnisch, wie immer behauptet wird: Sollte sich unser türkischer Freund ein wenig wundern über Häme und Zynismus zur Weihnachtszeit, so muss er ja nur in den hinteren Teil des Heftes sehen: Dort ist zu sehen, wie tief gerade an Weihnachten die Frömmigkeit verwurzelt ist im Volk und bei seinen hervorragendsten Repräsentanten, die dem *Stern* – mit schönen Fotos – erklärt haben, was das Fest für sie bedeutet. Und siehe, es handelt sich um Gänsebraten, auch schon mal um ein schönes Fondue, und – bei Norbert Blüm – um den großartigen, aber vielleicht nicht ganz so frommen Brauch des Bleigießens.

Noch feierlicher, lesen wir, geht mit dem Fest nur der Fernseh-Moderator und Bandleader Götz Alsmann um, der mit seinen Musikern zur Weihnachtsfeier gerne in eine Kneipe einfällt, wo – nach dem Besuch einer Schnapsbrennerei – die Karten gedroschen werden. Gegen so viel Inbrunst ist der Muslim chancenlos mit seinem Ramadan, in dem nicht einmal ordentlich gesoffen wird.

Ist jetzt hoffentlich klar, dass wir in einer anderen Wertegemeinschaft leben als der Türke? Dann können wir ja jetzt die Kerzen am Christbaum anzünden. Und gemeinsam mit E. Stoiber und seiner Christen-Partei darum beten, dass uns der Mohammedaner nicht mit Hilfe der EU unseren Glauben ruiniert.

Weihnachten 2002

Unter Bayern

Anfang Februar wird also vor einem Gericht in der Oberpfalz gegen den Pfarrer H. verhandelt, weil er sich in 45 Fällen an insgesamt 45 Kindern vergangen haben soll. So wie es aussieht, wird der Angeklagte nicht groß leugnen, er wird also zu einer angemessenen Strafe verurteilt werden, und dann wird ganz schnell wieder von angenehmeren Dingen die Rede sein, wenn in den Kirchen auch dieser frommen bayerischen Region von dem großen Halt gepredigt wird, den die Kirche in stürmischen Zeiten bereithält für die verwirrten und verängstigten Menschen.

Klinge ich da gerade ein wenig bitter? Wenn ja, dann wäre das kein Zufall. Natürlich könnte man die ganze Sache mit der Religion für faulen Zauber halten und sich dann nicht weiter darüber wundern, dass wieder einmal ein paar scheinheilige Pfaffen mit ihrem verkorksten Triebleben nicht zu Rande gekommen sind. Wenn einem aber aus diversen Gründen eine derart holzgeschnitzte Sicht der Dinge nicht möglich ist, dann verstören einen die Nachrichten darüber nur umso mehr, aus vielen Gründen. Der wichtigste ist erst einmal der Gedanke an das viele Unglück, das – hinter fromm bemalten Tapetenwänden – Tag für Tag, Jahr für Jahr, bei vertrauensvollen, gutwilligen Menschen angerichtet wird. Aber es ist schon auch sehr traurig, mit anzusehen, wie da eine Institution, auf die wir doch dringend angewiesen sind, systematisch ihren Ruf und ihre Möglichkeiten beschädigt.

Wer in einem Marienwallfahrtsort aufgewachsen ist, kann sich ganz gut einen Reim aus dem Ganzen machen. Frauen kamen im Weltbild eines Altöttinger Ministranten vor allem als Objekt einer meist süßlichen Marienverehrung vor; die leibhaftigen Mädchen aber waren geheimnisvolle Wesen, die sich, wie die engelsgleiche Maria Goretti, lieber umbringen ließen, als eine schwere Sünde zu begehen. Was aber eine schwere Sünde war, darüber gab es keinen Zweifel. Sie hatte fast nur mit dem sechsten Gebot zu tun: Rein hatte das Kind zu sein, unschuldig, am besten ganz lange geschlechtslos. Wer je das Unglück hatte, auf einer katholischen *Volksmission* von einem wild gewordenen Wanderprediger alle Höllenqualen geschildert zu bekommen, die ihm unweigerlich bevorstünden, wenn er noch einmal einen unkeuschen Gedanken in seinem Herzen bewegen würde, den kann jetzt nicht mehr so viel überraschen. Vor allem nicht, dass manche der jungen Menschen, die derart auf die Gefahren der feindlichen Welt eingestimmt werden, der Faszination dieser Gefahren später besonders häufig erliegen.

Wie gesagt, eine traurige Geschichte, auch eine hoch gefährliche für die Kirche, die – für mich ein überzeugender Gottesbeweis – trotz allem noch immer nicht von den Pforten der Hölle überwältigt ist. Es wird aber nichts besser werden, solange die Katholiken ihr Problem mit den Frauen nicht bewältigen. Wäre es nicht wunderbar, wenn, aus schlimmen Anlässen, ausgerechnet im erzkatholischen Bayern eine neue, ernsthafte Diskussion über die

174

Abschaffung des Zölibats begänne? Nun ja, es wäre wohl eher ein Wunder.

Samstag/Sonntag, 18./19. Januar 2003

Er hat es sich verdient

George W. Bush und Dick Cheney lernten bei den Ölmultis, wie man regiert und profitiert. Beide passen in diese Zeit: Die Politik hat sich von der Aufklärung verabschiedet

Wie schlecht es um die Kunst unserer Staatsmänner bestellt ist, steht ja nun täglich in den Zeitungen: Die Politiker besteuern unsere Dienstwägen, verärgern unsere Ärzte, machen zu viele Schulden, oder vielleicht auch zu wenig. Von lauter Versagern sind wir hierzulande umzingelt – und dann tröstet es plötzlich auf irre Weise, wenn man dem Staatsmann Rumsfeld in Amerika dabei zusieht, wie er mal eben, gerne unterstützt von forschen Deutschen, die tatfrischen Amerikaner und die abgelebt feigen Europäer gegeneinander in Stellung bringt. Anders gesagt: Irgendwie ist das schöne Vokabular, mit dem wir sonst unsere Politikverdrossenheit artikulieren, gerade dabei, absurd zu werden. Weil es nun wirklich einen unüberbrückbaren Unterschied ausmacht, ob Politiker zur falschen Zeit die Mehrwertsteuer heraufsetzen oder ob sie mit einer falschen Entscheidung das Leben von Hunderttausenden aufs Spiel setzen. Dabei hätten die beiden Sorten von Politik im Grunde doch eine Gemeinsamkeit: Alle Entscheidungen müssten mit Sachverstand, Charakter und Verantwortungsgefühl getroffen werden – umso dringender, je mehr jeweils auf dem Spiel steht.

Es sind diese gegenwärtigen Wochen eine gewiss nicht

herbeigesehnte, aber doch nahe liegende Gelegenheit, wieder einmal über das Anforderungsprofil der Menschen nachzudenken, denen wir unser Geschick, unser Leben anvertraut haben oder anzuvertrauen gezwungen sind. Das ist eine uralte Menschheitsfrage: Wie die Führer aussehen und ausgebildet werden müssten, damit sie ihr Volk in Länder voll Milch und Honig führen, ohne bei dieser Gelegenheit einem anderen Volk die Kehlen durchzuschneiden. Gelegentlich gab es darauf sogar optimistische Antworten: »Die Fürsten werden das Recht handhaben«, heißt es bei Jesaja. Und weiter: »Es wird nicht mehr ein Narr Fürst heißen.«

Leider gibt die Geschichte nicht viele Beispiele für diese optimistische Sicht der Dinge her. Nicht einmal die Gegenwart tut das immer, auch wenn Beleidigungen in alle Richtungen nicht weiterführen. Vielleicht sollte man deshalb lieber gar nicht zugeben, dass auch das Vertrauen des Weltenbürgers in seine aktuellen Fürsten kurz ein wenig leiden kann, wenn er einen von ihnen in seinem *oval office* sagen hört, er habe einfach keine Lust mehr, sich den selben alten Film immer wieder neu anzusehen, weshalb er mit seiner Geduld in Sachen Irak bald am Ende sei. Sogar im französischen Generalstab haben sie damals differenzierter argumentiert, bevor Napoleon dann doch die Russen überfallen hat, unter schrecklichen Opfern.

Genug Anlass also für Sorgen, für Häme auch. Wie kommt es da nur, dass man sich immer weniger wohl fühlt bei solchen Beobachtungen und bei den eigenen mokanten Bemerkungen darüber, warum der amerikanische Präsident oft so seltsam unsicher um Beifall lächelt, wenn er doch gerade seine Entschlossenheit demonstrieren will? Sehr viel sicherer sind wir ja selber nicht. In gewissen Momenten drängt sich sogar der Eindruck auf, dass auch wir unseren kultur-philosophischen Hochsitz nur an unserem Stammtisch aufgeschraubt haben und von dort aus alles im Blick zu haben meinen: Dass es den Amerikanern ausschließlich um Öl geht, darum, die Welt allein regieren zu dürfen, ohne Rücksicht auf die Verfassungen, die sich diese Welt einmal gemeinsam mit Amerika gegeben hat.

Wer es sich auf diesem Sitz bequem macht, neigt zur Verzweiflung, zum Zynismus, zur Unterstellung, dass immer die anderen die Dummen sind. Und verdrängt die Frage, woher eigentlich die Hoffnung kommen soll, dass die Fürsten intelligenter oder moralischer sein sollen als das Volk, aus dessen Mitte sie stammen. Diese Frage ist aber in diesen Wochen drängender geworden und sie heißt mehr denn je: Wie kommt die Welt zu den Fürsten, die sich ihre Denker seit Jesaja, seit Sokrates herbeisehnen?

Ein letzter Trost? Dass die Herrscher heute kaum Kraft haben, nachhaltig zu überzeugen.

Es war Friedrich Nietzsche, ein großer Erforscher der menschlichen Seele und ihrer Abgründe, der zu bedenken gab: Man möge doch mit dem Wissen eines Irrenarztes abwägen, dass vier von den Tatendurstigsten aller Zeiten Epileptiker gewesen seien. Er nannte Alexander, Cäsar, Napoleon – und Mohammed (als es noch erlaubt war, so etwas aufzuschreiben, ohne die religiösen Gefühle der halben Menschheit zu verletzen.) Auch weil Nietzsche kein Prophet war, fehlen in seiner Aufzählung Monstren wie Hitler, Stalin oder Pol Pot, lauter Tatendurstige, deren Gefährlichkeit geradezu gemütlich würde, wenn man sie auf Tobsuchtsanfälle und Teppichbeißen reduzieren könnte. Richtig gefährlich werden die Teppichbeißer ja erst, wenn das ungeheure Sendungsbewusstsein dazukommt, ohne das politische Massenmörder in der Geschichte noch nie ausgekommen sind. Mit dieser Sorte von Blut saufenden Politikern haben die amerikanischen Kabinettsmitglieder erfreulicherweise nicht das Geringste zu tun, die meisten haben nicht einmal das Charisma dazu, ihr Volk nachhaltig von den falschen Entscheidungen zu überzeugen. Und das ist dann sogar noch ein Trost, ein letzter in diesem Zusammenhang.

Allerdings hat gerade der Menschenverächter Nietzsche überaus dezidierte Vorstellungen über die notwendigen Eigenschaften von Führern und Verführten formuliert: Die Masse, schreibt er, müsse den Eindruck haben, dass »da eine unbezwingliche Willenskraft« sei. Den starken Willen bewundere nämlich jeder, weil niemand ihn habe. Weiter hinten im Text geht der Stellenausschreiber dann aufs Ganze: Im Übrigen habe der Führer alle Eigenschaften der Massen zu haben, »umso weniger schämt sie sich vor ihm«. Also, er sei »gewalttätig, neidisch, ausbeuterisch, kriechend, aufgeblasen«. Ganz schön viel, was der Philosoph da verlangt, aber es muss ja nicht jeder Bewerber alles draufhaben.

Unglücklicherweise ist es leider nicht wahr, dass man mit Hilfe derartiger Menschenverachtung die künftigen

Friedensfürsten wird aus der Reserve locken können. Zynismus ist auch nur eine der vielen Attitüden, die uns helfen sollen, sich auf die Welt einen Reim zu machen. Wenn sich aber immer weniger reimen will, weil zum Beispiel klar ist, dass auch amerikanische Politiker in der Regel bei Sinnen sind und keine Selbstmordattentäter, dann wird man mindestens das Paradox ernst nehmen müssen, das Ulrich Beck nach der Katastrophe von New York so formuliert hat: Die Wahnsinnsbilder vom 11. September 2001 hätten erst einmal dazu geführt, dass die mächtigste Macht der Welt von der Mehrheit der Menschheit »ohne Abstimmung ermächtigt wurde, die Gefahr abzuwenden«, die moralisch und physisch dieser Menschheit droht. Solche Gattungsgefahren, schreibt er weiter, verwandelten sich dann schnell in einen globalen Populismus der Gefahrenabwehr, die auch zu Interventionen in fremden Staaten zu ermächtigen schienen.

An diesem Punkt scheinen wir gerade zu stehen, und er ist gefährlich genug: Wenn da auf der anderen Seite nicht eine noch viel größere Gefahr lauerte, auf die Beck ebenso deutlich verweist: Wenn sich, schreibt er weiter in »Macht und Gegenmacht im globalen Zeitalter«, wenn sich diese Ansicht durchsetzte, dann fiele die Menschheit in den Naturzustand zurück, in dem jeder seine natürlichen Rechte selbst verteidigen muss. Und Becks Ausweg? Der spielt mit einem Mal in einem sehr schön möblierten Wolkenkuckucksheim: Es müsse, schreibt Beck, eine neue zwischenstaatliche Ordnung gestiftet werden, die ihre kosmopolitische Legitimität aus der präventiven Abwehr der Menschheitsgefahr schöpft. Nur – gibt es denn die nicht längst in Gestalt der Vereinten Nationen? Und wenn die nicht genug bewirken können – wer stiftet dann die neuen Stifter, wer garantiert, dass man ihnen zuhört, wer organisiert die Beratung: Des Königs Artus Tafelrunde ist in keiner Verfassung der Welt mehr vorgesehen.

Voltaire in Berlin, 2003?
Er säße, wenn überhaupt, nur am Katzentisch.

Es ist, trotz Nietzsche, schon einigermaßen klar, wie die Führer beschaffen sein müssten, die uns sicher geleiten würden zu den Gestaden eines künftigen Friedensreiches. Weniger klar ist, wie sie auf diese Aufgaben vorbereitet werden könnten, damit sie am Ende – wie es Max Weber fordert – wenigstens annähernd im Stande sind, verantwortungsvoll »für die Folgen ihres Handelns aufzukommen«. Vielleicht ist das gerade die größte Gefahr für den gegenwärtigen Zustand der Welt: Dass das Missverhältnis immer grotesker wird. Die Konsequenzen politischen Handelns (oder Unterlassens) werden immer gefährlicher, die Erziehung zur Verantwortung und zur Einschätzung der Risiken kann nicht mehr Schritt halten. Moderne Politiker erziehen einander ohnehin gegenseitig, wie das auch Jugendliche tun, für den richtigen Umgang mit der Welt: Minister jedenfalls erziehen einander bei tausend Konferenzen und Medienauftritten, bei denen aber oft nur zu lernen ist, wie man sein Ego am besten behauptet und eine gute Presse bekommt.

Das Gefälle wird also immer größer – dabei stand es noch nie so richtig gut in der Geschichte mit der Erziehung der Fürsten: Als der athenische Windhund Alkibiades zum Staatsmann reifen sollte, stellte man ihm den großen Sokrates zur Seite, von dem er sich aber nichts sagen ließ; der Einfluss des Philosophen reichte nicht aus, um schlimmstes Gemetzel unter den griechischen Stämmen zu verhindern. Seneca konnte Nero nicht zivilisieren, nicht einmal Voltaire machte auf Dauer aus dem Großen Fritz einen Friedensfürsten. Immerhin gehört es zu den Sternstunden der Menschheit, dass es zuvor mit Hilfe eines großen Denkers gelungen war, einen künftigen Herrscher für Aufklärung, Vernunft, Religions- und Pressefreiheit zu begeistern. Wäre heute Voltaire geladen nach Washington oder auch nach Berlin, er müsste seine Einwände und Bedenken von einem Sprechzettel am Katzentisch vorlesen, wenn er überhaupt zu Wort käme, der Bedenkenträger. Solche sind bei wichtigen Sachen nicht vorgesehen: Schließlich hat jemand wie Dick Cheney Zeit seines Lebens seine Sozialisation mit Vorstands-Kollegen und Konkurrenten aus Ölkonzernen erlebt, die man, unter massivem Einsatz der Ellenbogen, entweder beeindrucken, überholen oder aus dem Geschäft drängen musste.

Wir alle haben uns einreden lassen, dass man im Spiel des Lebens mehr denn je ein Siegertyp sein muss, und ob einer gewonnen hat, erkennt man an der steilen Karriere und an der Höhe des Gehalts. Definitiv hätten Seneca und Diderot keine Karriere beim Energiemulti Enron gemacht. Ist es in diesem Zusammenhang nicht geradezu rührend gewesen, wie sorgendurchfurcht Präsident Bush nach Auffliegen des einschlägigen Skandals seine langjährigen Freunde und Branchen-Kollegen dazu ermahnte, doch bitte künftig moralischer zu sein?

Bleibt als Zwischenbilanz vor allem eine Frage, wenn doch die moralischen Appelle dem Papst überlassen bleiben, die Entscheidungen aber den stellvertretenden Verteidigungsministern. Wer soll dann eigentlich wen erziehen: Das selbst schlecht erzogene Volk seine künftigen und amtierenden Fürsten? Oder die Politiker ihre undankbaren Völker?

Im Moment sieht das ein wenig aus wie die Wahl zwischen Pest und Cholera.

Samstag/Sonntag, 1./2. Februar 2003

Fast unhörbarer Ton

Vom Ende der politischen Gewissheiten und der Sonntagsreden

Das Angenehmste an unserer Art, Politik zu treiben, ist seit langem, dass es da ein paar Gewissheiten gibt. Die laufen zum Beispiel darauf hinaus, dass schlechte Politik zu schlechten Ergebnissen führt und dass man einigermaßen genau beschreiben kann, was eine gute wäre. Also erhöht der gescheite Wirtschaftspolitiker keine Steuern, macht aber auch auf zauberische Art möglichst wenig Schulden – schon kann es nicht mehr lange dauern, bis die Räder wieder ineinander greifen, es steht das in jedem Lehrbuch der Volkswirtschaft. Mit diesen bewährten Regeln gehören wir zur großen Gemeinde der freien Marktwirtschaft, die ungefähr so fest in unseren Herzen verankert ist wie die westliche Wertegemeinschaft, mit deren Mitgliedern wir uns im Ernstfall Seite an Seite gegen alle Schurken verteidigen würden. Seit uns die Nato geholfen hat, den Kalten Krieg zu gewinnen, ist sie uns mehr ans Herz gewachsen als je zuvor. Es hätte nicht viel gefehlt und sie hätte einen Platz im Vaterunser bekommen, gleich nach *fiat,* um einen alten Scherz zu benutzen, der allzu absurd vielleicht nie gewesen ist.

Und jetzt? Jetzt hat es nur ein paar Wochen gedauert – schon steht sozusagen kein Bauklötzchen unseres Gerüsts noch sicher auf dem anderen. Man kann da gerade hinschauen, wohin man will: Soeben hat ein SPD-Bundes-

184

tagsabgeordneter namens Bartels in einem Zeitschriften-
aufsatz mal kurz die sozialdemokratische Wirtschafts-
politik in Klumpen gehauen, nicht weil sie schlecht wäre,
sondern weil sie nichts nütze, wie immer sie jeweils angelegt sei; weshalb man sie genauso gut ganz vergessen
könne. Keine der ständig gepriesenen Maßnahmen zur
Belebung der Konjunktur hätten, schreibt der Parlamen-
tarier, irgendetwas gebracht – weder die von Lafontaine
versuchten noch die aus dem Hause Eichel, weder massi-
ves Sparen hätte geholfen noch Budget-Überschreitun-
gen. Das hatten diese Maßnahmen, wird man hinzufügen
können, mit den Ideen der Regierung Kohl gemeinsam,
welche von Steuerentlastungen bis hin zur Erleichterung
von Kündigungen ebenfalls fast alles versucht hatte, was
dem Fachmann so einfällt, mit dem Ergebnis, dass Kohls
Arbeitslosen-Zahlen vor fünf Jahren genauso schlecht waren wie sie es jetzt wieder sind.

Was die einschlägige Debatte betrifft, so besteht der
wesentliche Unterschied zwischen damals und heute
darin, dass sich inzwischen kein Politiker mehr traut, die
beliebten großmäuligen Versprechungen (»lasse mich
messen an einem Rückgang um 1 Million Arbeitslose«)
auch nur noch zu formulieren. Und die Geräusche haben
sich geändert: Das Trommeln auf die eigene Brust ist dem
fast unhörbaren Ton gewichen, den es macht, wenn man
resigniert mit den Schultern zuckt.

Tue es, aber lass es bleiben
Vielleicht ist ja die Politikverdrossenheit in diesen Zeiten
gar keine so dumme Angewohnheit, als die sie hinzustel-

len wir Journalisten und sonstigen Volkserzieher uns seit Jahren so viel Mühe gegeben haben? Oder vielleicht ist Verdrossenheit das falsche Wort, weil es ja davon ausgeht, dass es eine richtige Politik schon gäbe, die man nur unverdrossen durchziehen müsste, um zu besten Ergebnissen zu kommen. Es sieht aber im Augenblick nicht so aus, als ob es diese richtige Politik überhaupt gäbe, auf welchem Gebiet auch immer: Weder wird es Millionen neue Arbeitsplätze geben, wenn Kündigungen künftig leichter gemacht werden; noch wird, um den Schauplatz zu wechseln, mit vier Wochen Verspätung der Frieden auf der Welt ausbrechen, wenn versucht worden ist, den Massenmörder Saddam Hussein mit Bombenteppichen auf seine Städte und Bunker zur Vernunft zu bringen.

Allerdings wird die Welt auch nicht viel sicherer sein, wenn wir es nicht tun. Auch dieses Paradox hat sich herumgesprochen, und manchmal ist es schon wieder lustig zu sehen, was die intelligentesten Leute aus solchen Erkenntnissen machen und zu welchen Schlüssen sie dabei gelangen. Es war der phänomenale englische Schriftsteller Ian McEwan, der seine Gedanken dieser Tage der *FAZ* in einem bemerkenswerten Aufsatz anvertraut hat, in welchem er etwa fünfmal seine Position zum Irak ändert. Des Dichters Fazit: »Ich vertraue Blair«, aber »knapp zähle ich mich auch zum Lager der Friedensbewegung«. Damit ist er nicht allein: Hinter den Absperrgittern der pazifistischen Demos campiert gerade eine große Menge Verwirrter, zu deren Versammlungen fast jeder von uns nach einer kleinen Aufnahmeprüfung schnellen Zugang fände.

Ungefähr jeden Tag geht neuerdings ein Axiom zu Scherben, das über die Jahre vielleicht nur deshalb eines geworden ist, weil wir keine anderen kannten. Dass die Zweifel wachsen, heißt allerdings nicht, dass die alten Botschaften nicht noch immer lautstark und oft mit völlig gegensätzlichen Ergebnissen verkündet würden. Vielleicht wird die Sache anschaulicher, wenn wir, nur wegen des Aha-Effekts, einmal kurz von den blutigen Schlachtfeldern der echten Kriege oder von den Glaubenskriegen der Finanzfachleute auf die Schauplätze der bundesdeutschen Gesundheitsreform springen?

Blutige Nasen, brutale Fragen

Was die Debatte darüber angeht, so gibt es – man muss nur lange genug allen Beteiligten zuhören – so gut wie keine Maßnahme, die nicht gleichzeitig richtig und sehr unsozial wäre, bitter nötig und ungerecht – aber schädlich sowieso, allerdings jeweils für andere Kohorten im Verteilungskampf. Ein wenig besser verstehen werden wir die Seriosität dieser Debatte erst dann, wenn endlich alle Sorten Ärzte zusammen mit den Apothekern und Pharma-Industriellen und Kassenärztlichen Vereinigungen und Patientenvertretern zu einer gemeinsamen Demo gezwungen werden, an deren Anfang ein riesiges Transparent gerne die katastrophale Gesundheits-Politik der Ministerin geißeln darf, an deren Ende aber ein gemeinsamer Gesetzentwurf zu stehen hätte, anders die Demonstranten nicht nach Hause dürften. Die blutigen Nasen, die bei den lichtvollen Debatten darüber entstehen würden, könnten leider weder verarztet noch abgerechnet werden.

Vielleicht muss man aber das alles auch ganz anders sehen: Vielleicht hat es längst ein paar Staatsmänner gebraucht, denen ihr Jargon selbst auf die Nerven geht und die zu alt geworden sind, als dass sie ihren eigenen Floskeln noch glaubten. Dann wäre es am Ende gar nicht so schlecht, dass ein sehr ehemaliger Bundeskanzler in einem Interview mit dem *Spiegel* plötzlich die brutale Frage stellt, welche Rolle die Nato eigentlich noch spiele und wie seltsam es gewesen sei, als man dort nach dem 11. September den Bündnisfall erklärt habe, ohne dass jemand darum ersucht habe – »um sich so selbst zu zeigen, wie wichtig man war«. Die Heilige Nato, sagt also der ehemalige Verteidigungsminister Helmut Schmidt, ist unwichtig geworden – und man versteht nun gut, warum sich ihre obersten Würdenträger an diesem Wochenende wieder in München versammeln mussten. Zu einer Konferenz, gegen die Tausende protestierten, obwohl das Bündnis eigentlich keine Rolle mehr spielt.

Sogar die Anlässe für unsere Protestrituale machen uns also unsere Politiker kaputt, obwohl man noch nicht sagen kann, wie schnell ihnen das gelingt und mit welchen Folgen. Wenn noch bis vor zwei Wochen die treue Liebe zwischen Amerikanern und Deutschen (und aller Europäer untereinander) ein Teil unseres Glaubensbekenntnisses war, dann wird es – wenn dies Credo über Nacht abgeschafft wird – zu Verstörungen kommen, die mit ein paar Tranquilizern nicht geheilt werden können. Es bricht zwar nicht gleich eine ganze Weltordnung zusammen, weil wir nun wissen, dass Donald Rumsfeld – was er sonst vermutlich nur an der Bar tut – die Deutschen öffentlich mit

Libyen und Kuba verwechselt. Aber ein paar tausend Tonnen Sonntagsreden müssen wohl langsam in Richtung Schredder gekarrt werden.

Immerhin, dass wir über Rumsfelds neue Erkenntnisse auch noch übermäßig betrübt sein sollen oder gar betroffen, das verlangen zurzeit nur die dümmeren deutschen Politiker. Das ist immerhin ein Trost – so lange jedenfalls, bis aus der Farce doch noch eine Tragödie wird.

Montag, 10. Februar 2003